Six Saturdays
六個星期六
Byebye Bad Luck
和壞的人生說再見
Vera & Jay◎著

故事的正確讀法

打開心靈成長的開關

故事，並不僅僅是故事。它有情節、有涵義；有表面的涵義，也有深層的涵義。

但，這並不是故事的全部。故事並非憑空存在，一定還有一個講故事的人，那個講故事的人，不僅對故事有自己的看法，而且也有自己的故事。

你看到的這本書，不同於以往任何一本書。你將讀到一個「完整」的故事，包括了故事本身，包括了講故事的人，還包括了講故事的人自己的故事。

翻開這本書，你將獲得前所未有的閱讀體驗。你將跟隨兩位敘述者，經歷一次次頭腦風暴，透過這些故事，對生活、對自己，有一個全新的認知。

你可以把這本書中所有的故事當成虛構的，包括兩位敘述者的故事，它們是否真實，對你來說並不重要。重要的是，你能否讀懂這些故事。如果你在讀到它們的時候，感覺到心中的某個角落發出一聲清脆的聲音，然後瞬間被一種感覺所觸動，那麼，你是真正讀懂了故事。

其實，故事的情節是怎樣的，對你來說也並不重要。當你讀到一個故事的時候，都要重新在心中建構起它的輪廓，這個過程並不是由故事本身所決定，而是由你的心靈所決定。如果你有足夠的智慧，你將從一個故事中讀出你自己的人生軌跡。

本書是由兩位作者 Vera 和 Jay 共同完成，他們兩位也是本書中故事的講述者和評論者。Vera 是一位心理學博士，而 Jay 是一名圖書編輯。他們從心理學、哲學等多種不同角度，對許多富有深刻寓意的故事進行解讀。

除了本書所記錄的六十多個故事以外，Vera 和 Jay 自己的故事也貫穿其中，他們已經從本書的寫作者變成了故事中的人物，和讀者一起經歷心靈成長的六個夜晚。

第一夜，你將學會如何用轉換視角的方法，走進這充滿危機的世界；第二夜，你將懂得如何運用各種方法，突破「蘑菇期」的生長困境；第三夜，你將掌握「無知的智慧」，去面對難以預料的未來；第四夜，你將回歸自我，找到真實的自己；第五夜，你將看到快樂與你的真實距離；第六夜，你將突破種種內心的障礙，啟動終生的心靈成長。

當然，每一個故事，你都可能會有自己的解讀。如果你的解讀與本書的任何一種解讀都不相同，那麼，恭喜你，你已經掌握了故事的正確讀法。

前言

心理諮商師遇見「理心」師

這本書記錄了我的國小同學阿傑和我幾次談話中提到的故事，最初的目的也只是提供給我自己閱讀，最後還是決定分享給讀者。

至於阿傑為什麼要跟我講這些故事，還得從去年我們第一次重逢的聚會說起。那時，我剛剛獲得證書，成為一名心理諮商師。

阿傑是我國小的同學，在班上坐同一桌，國小畢業之後，我們就再也沒有聯繫，直到有一天，他不知從哪裡知道了我的聯繫方式，多年不見，當然無論多忙都應該聚一下才對。見面一聊，才知道他是出版公司圖書編輯，專門企劃勵志類的書。

「就是那種用大道理鼓勵人們努力奮鬥的書嗎？」我不屑地說，「唉，小時候覺得你懂得很多，總覺得你以後一定會是個學者或發明家，沒想到淪落至此。」

「嘿，妳不要搞錯了，我不是那種教人如何成功的勵志大師。我自己都算不上成功人士，怎麼可能去給別人指點出路呢？」他很快地反擊道。

「哦？那麼，你是哪種『大師』？」我繼續揶揄他。

「一定要說的話，那我算是個『理心』師吧！」他笑了笑，「在妳這個心理諮商師面前這樣說很不好意思呢！」

什麼？一個沒有受過專門心理學知識訓練的人，透過講大道理就想給人「理心」嗎？我心裡這樣想，嘴巴上雖沒說出來，可是阿傑卻敏銳地察覺到了。

「妳是不是覺得我這種門外漢沒有資格幫助人解決心理問題？沒錯，如果和你們專業人士相比，我『理』的不是心理，而是心靈。真的有心理障礙的人，還是需要找你們才對吧！不過，誰都有心裡迷茫、困惑的時候，不一定心理疾病，至少也算是心病吧——我幫助的主要是這種人。」

「就算是這樣，大道理誰都懂呀！你有什麼特別之處？」我仍然不放過他。

「唉，沒想到過了二十多年，妳說話還是這麼直接啊！」他慢慢的端起茶杯，抿了一口咖啡。「我一般不講太多道理，而是講故事。能聽得進道理的，都不需要別人去啟發；聽不進道理的，直接講道理就更沒有效果了。故事則不同，講法不同，意思不一樣；聽的人心境不同，故事的意味也不一樣了。」

「這倒是有些新鮮。我們心理治療裡面有對話療法，不過主要是讓患者講他們的故事呢！」

「當然，每個聽故事的人都是帶著自己的故事來聽別人的故事。你們心理諮商師雖說要做到職業化，不能被不良的反轉移所干擾，不過實際情況未必都是這樣吧！」

聽到這裡，我心裡一驚。沒想到從他嘴裡會說出「反轉移」這個詞。反轉移，又稱為逆向移情，是心理醫生自身對個體（患者）的情緒反應。若處理不當，可能會導致心理治療失敗。看來，阿傑並非如他自己所說，對心理學一無所知。

「也就說，講故事的時候，自己不帶入其中，所以也能更客觀，更容易處理自己的情緒——對講述者和聽眾來說都是如此。故事的講法也根據不同對象而有所針對，每個人的問題不同，需要不同的故事來『疏通』心靈，換個角度去看問題、看別人、看自己，這樣才可能有所改變。如果妳有興趣聽，我可以跟妳講幾個故事，妳就會明白這種方式和一般的講人生道理有什麼差別了。」

從這一天起，每週六晚上六點半他都會出現在這個街角咖啡館，跟我講述「理心」的故事。

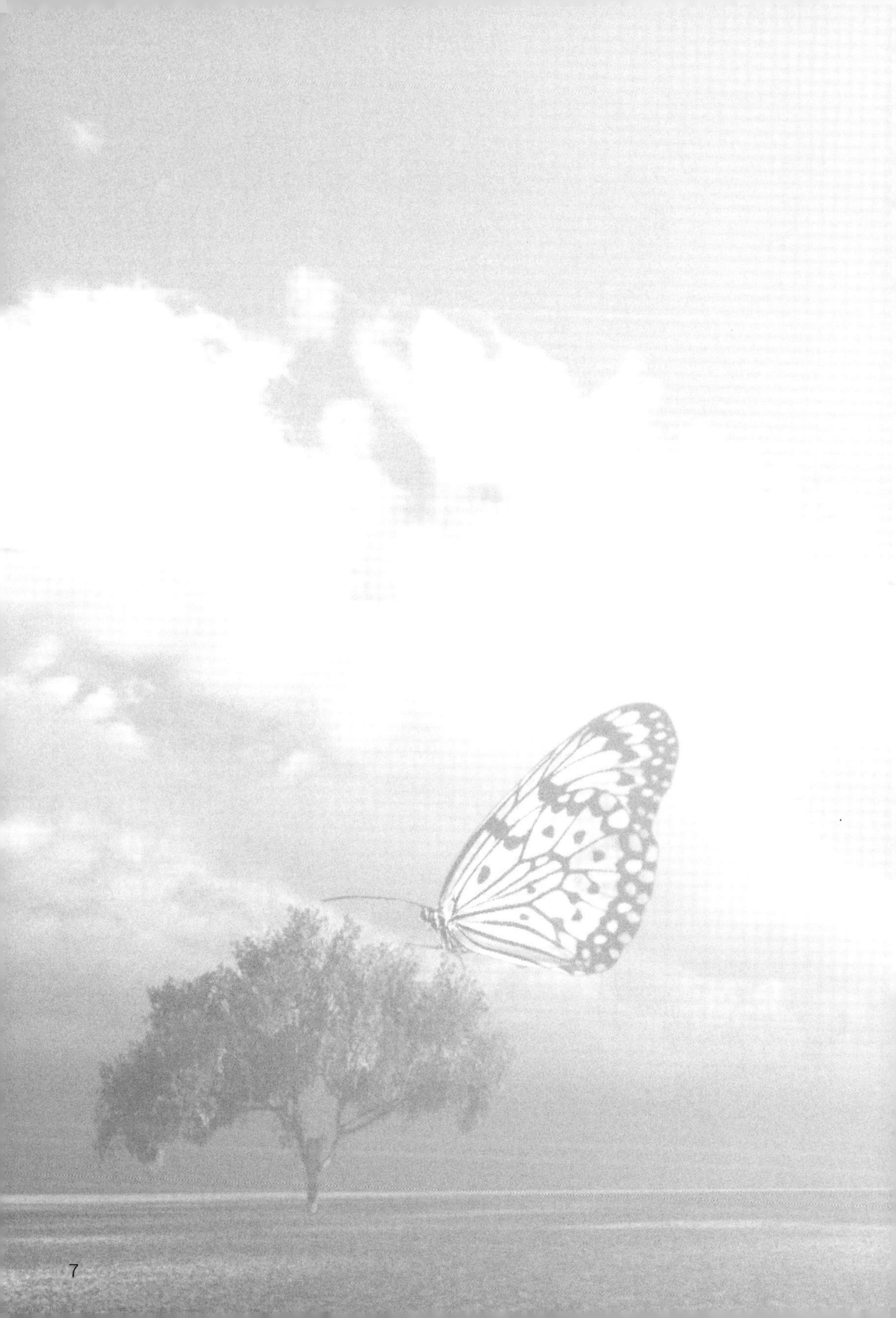

目錄

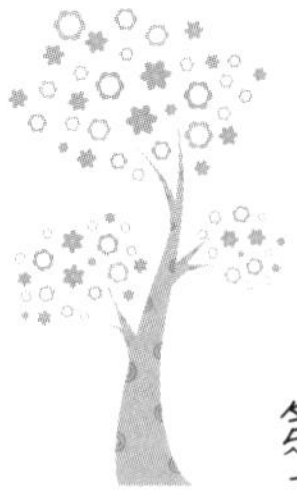

第二個星期六「展翅前需要痛多久？」——蘑菇的「心」困境

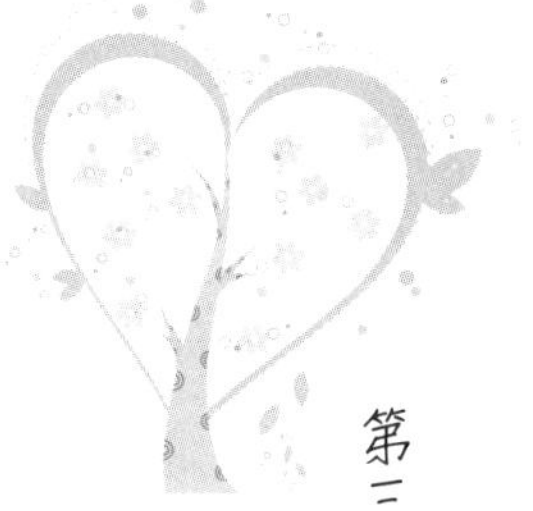

第三個星期六「如果能預知，我會比現在更好嗎？」——未來的「心」智慧

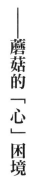

第四個星期六　「誰是最熟悉的陌生人？」——自我察覺的「心」路

第五個星期六　「成功很遠？也許如此，但幸福也是嗎？」——快樂的「心」理由

第六個星期六 「是和彼得・潘說再見的時候了。」——終生成長的「心」啟動

序幕「葡萄和十八隻狐狸」
故事裡的「心」故事

「那麼，就快點開始吧！」我催促道。

「別急，讓我把這盤沙拉吃完。」他看我這麼急，反而故意慢條斯理地吃著沙拉。這人，過了這麼多年，這種討厭的地方還是沒變！

「妳怎麼不吃？」他抬起頭，看看我面前的盤子。

「我要減肥，正在節食中。」話雖如此，看到他吃得這麼享受，我真有點控制不住。

「呵呵，妳的眼神出賣了妳。吃吧，我不會糗妳的。」他一臉邪笑地說，「正好，妳給了我靈感，我就講一個關於吃的故事吧！」

說完，他不顧我的嗔怒，自顧自地開始講第一個故事。

「從前，有一座果園中種植了許多美味的葡萄。果園的附近住著一隻狐狸。牠想吃葡萄，但是怎麼跳都達不到葡萄的高度。」

「Stop！我知道了，這是吃不到葡萄說葡萄酸的狐狸的故事，酸葡萄效應，這個故事太out了。」

我一聽到開頭就及時打斷了他，以免他用這麼老套的故事來浪費我的時間。

「妳說的只是整個故事的十八分之一。」

「十八分之一？」

「也就是說，這個故事有十八個版本。我把它們綜合了一下，故事變成了《葡萄和十八隻狐狸》。」

葡萄和狐狸的故事居然有十八個版本？這倒沒聽說過。我一邊繼續吃沙拉，一邊聽他說下去。

「為了讓妳能更容易理解這個故事的本質，我把這十八隻狐狸分成了三組，分別是行動組、思考組、解決組。先別急著問為什麼這麼分，等妳聽完，自然會明白。」

倒楣狐狸的下場

我一定要吃到

所謂行動者，是對問題不多做思考，按照某種固定模式進行行動的狐狸。行動者的下場都不是很好，有五隻可憐的狐狸被分在了這個小組。

第一隻狐狸來到了葡萄架下，牠讀過許多勵志類圖書，是一位有志青年。牠發現自己摘不著葡萄之後並沒有氣餒，牠想：事在人為，只要努力，遲早能夠得到葡萄。「有志者事竟成」的信念支撐著牠，可是沒想到事與願違，牠不吃不喝、不眠不休地跳，不僅沒有出現奇蹟，反而跳得愈來愈低，最後體力耗盡，累死在了葡萄架下。

這種英勇無畏的行動者，我叫他勇者。他的行為，我稱為「固執」，即不斷重複某種無效的行為，如同心理學上的強迫症。堅定不移的志向固然令人敬佩，不過，成功是不是真的能如此實現呢？

相較第一個勇者，第二隻狐狸似乎聰明一些。從遠處看過去，牠想葡萄架不算高呀，可以試一試。來到葡萄架下，牠一看到葡萄架比遠處看的時候高多了，還試什麼呀？牠想：你這個壞葡萄，害我白高興一場，吃不到你，我也要出出這口氣。於是，牠對著葡萄破口大罵，然後不斷撕咬自己能夠咬得到的藤。不料牠的罵聲太大，驚醒了正在睡午覺的果園主人，果園主人拿起一把鐵鍬，走到牠身後把牠打死了。

這種採用破壞性行為的行動者，我叫他暴徒。他的行為，我稱為「攻擊」，如同心理學上的反社會型人格障礙。採取破壞性行為，雖然發洩了一時的憤怒，終究是為社會所不容的。

第三隻狐狸看起來不像前兩隻那麼強壯，有點弱不禁風，是個話不多說但想法不少的知識青年。牠來到了葡萄架下，嘗試幾次跳起來去抓葡萄都沒有成功。牠想：好吧！這不是我的東西，不去想它吧！不行啊，葡萄真大，顏色真鮮豔啊，我忘不了它！喝酒，一醉解千愁吧！不行，還是忘不了！什麼，聽說其他組的狐狸吃到葡萄了？憑什麼啊！這世界真是不公平，算了，我不活了，以死明志！啊，葡萄，下輩子我一定要吃到你……

於是，這隻狐狸懷著類似黛玉臨終前的怨念，一頭撞死在葡萄架下。

這種憂憤而死卻死不瞑目的行動者，我稱他為憤怒的青年。他代表了生活中常見的「不患無，患不均」的心理。公平、公正固然重要，現實卻往往不一定能保證公平。在這種前提下，與別人比較的時候，可能會忽視自己已經擁有的東西而採取不理性的行動。

第四隻狐狸是第三隻狐狸的同窗好友，也是個知識青年。牠來到了葡萄架下，試了一試，失敗後，牠既沒有繼續嘗試，也沒有破口大罵，而是發出了感嘆：唉，美好的事物有時候總是離我們那麼遠，既然如此，強求也無益，不如保持這段距離，讓自己留有一點美好的夢，不是也很好嗎？從此，牠不再執著於葡萄，反而詩性大發，寫了本名為《遙遠的葡萄》的詩集。

這種將物慾轉變為藝術創作動力的行動者，我叫他為詩人。他的行為類似心理學上的「置換作用」，即用一種精神宣洩去代替另一種精神宣洩。這算是行動者中少有的好結局。

行動組的最後一隻狐狸比較特別。牠發現想吃葡萄的願望不能實現後，也沒有什麼對策，只能傻傻地在葡萄架下發愁。過了一段時間，牠感到腹中一陣絞痛，去醫院一查，居然患了胃病。牠怎麼也不明白，自己平時一向很注意飲食衛生，一日三餐也很規律，怎麼會患胃病呢？

準確來講，這隻狐狸也許不能算是行動者。牠的行動不是出自主觀意願，而是因潛意識而產生的行為，在潛意識中，牠將心理上的痛苦轉換成身體上的疾病。我把這種行動者稱為病人。

聰明狐狸的大腦

不一定要吃到

第二組都是非常聰明的狐狸，有著發達的大腦，遇到問題習慣分析思考，所以叫思考者。不過，思考的結果不一定都是理性的。有七隻聰明的狐狸在這個組裡。

第一隻狐狸來到了葡萄架下，牠甚至沒嘗試跳一跳，僅憑藉對葡萄架高度和自己的身高、彈跳力的綜合估算，就得出一個非常精確的結論：以我的個頭，這一輩子都無法吃到這葡萄了。牠又想：這個葡萄如果是甜的，早就被別的動物吃完了，怎麼留下這麼多。哼，肯定是酸的。還好我夠聰明，沒浪費時間在這酸葡萄上。得出這一結論後，牠心情愉快地離開了。

這隻狐狸就是著名的酸葡萄效應故事的主角了。我把這類思考者稱為認知失調的批評家之一。所謂認知失調，是指行為與自我認知不同產生的心理不適。明明想吃葡萄，卻要採取放棄為吃到葡萄而做的任何努力，這就導致了認知失調。而「酸葡萄效應」，又被稱為文飾作用，即以能夠滿足個人需要的合理理由來解釋不能實現自我目標的現象。因此，這類批評家，是擅長用合理化解釋來改變自我認知，以適應並接受現實的批評家。

第二隻狐狸和第一隻一樣聰明，經過一番計算，牠發現了自己不可能摘得到葡萄。不過，這之後牠的想法與前者不同，牠想：這是什麼葡萄架，設計得這麼高，不合理！設計師一定是個歧視狐狸的種族主義者！還有，這是什麼葡萄藤，居然爬得那麼高，稍微低一些也能獲得足夠的陽光和水分，也不合理！你們都得給我好好改革，下次我來之前一定要都改過來！

批判了一番之後，牠心滿意足地離開了。

如果說第一隻狐狸是學者型的批評家，這隻狐狸就是政治家型的批評家了。我把這類思考者稱為認知失調的批評家之二。牠解決認知失調的方法，在心理學上稱為「抵消作用」，即以某種象徵性的活動來抵消、抵制自己的真實感情，從而降低對不協調的認知事物的重要性。簡單來說，就是你很重要，卻不迎合我，我就把你批評得一文不值。

第三隻狐狸來到了葡萄架下，同樣，經過計算，發現了問題。牠低頭一看，地上居然有腐爛的葡萄和其他狐狸吃剩的葡萄皮。牠說：「天哪，這葡萄掉下來之後的樣子是多麼噁心啊！居然還有別的狐狸吃這種噁心的東西？不行了，我要吐了。」

這隻狐狸也是一個批評家，不過牠是媒體型批評家。我把這類思考者稱為認知失調的批評家之三。媒體擅長以極端視角表達事實以達到增強話題性的目的，也就是炒作。從心理學上來看，這種行動與動機完全相反的情況卻是一種心理防禦機制，可以說是「抵消作用」的極端化，被稱為「反向作用」。

第四隻狐狸是一隻非常年輕的狐狸。事實上，牠一年前就遠遠地看到了這個葡萄架，是葡萄架的第一發現者。不過那時牠還太年幼，父母不讓牠獨自出門。經過了一年的成長，牠終於獲得許可獨自行動。來到了葡萄架下，牠卻發現與高高的葡萄架一比，自己是如此的矮小，便傷心地哭起來了。牠邊哭邊想：為什麼葡萄架會這麼高，不是說好了只要長大了就有機會吃到葡萄了嗎？

這類思考者，我稱為兒童。兒童型思考者身上會出現心理學上的「倒退」現象，即個體在遇到挫折時，從人格發展的較高階段退到較低階段。簡單來說，就是身體長大了，心卻沒有跟著長大，一遇到問題，就會回到兒童階段。

第五隻狐狸的長相非常沒有特點。牠看了前面幾隻狐狸的表現後，來到了葡萄架下，望了望葡萄，就走開了。牠想：我的身高和彈跳力都不出眾，大家都吃不到葡萄，那我也別費勁了。反正別的狐狸肯定也吃不到，大家都一樣，我也沒什麼可抱怨的了。

這類思考者，我稱為大眾。顧名思義，這就是多數人的從眾心態的表現。進一步講，這種狐狸的思考方式是認為他人也有與自己同樣的動機，這在心理學上稱為「投射」。

第六隻狐狸和行動組那兩隻知識青年狐狸是同學。牠來到了葡萄架下，很快也發現自己不可能吃到葡萄，心情非常不好。牠想：我的命運怎麼這麼苦啊！想吃個葡萄都吃不到了。牠愈想愈難受，最後鬱鬱而終。

這種思考者，我稱為抑鬱症患者。他們雖然情緒上和行動組的「憤怒的青年」相似，但沒有採取任何主動行為的意志，長期處於心境低落狀態，不可自拔。

第七隻狐狸發現了問題之後嘴一撇，大喝道：「葡萄架雖高，也不是不可能達到的高度！別人說只有猴子才能吃到，我偏不信，我們狐狸中已經有成功者吃過了，這說明什麼？這說明我們狐狸也一樣行！」說完，牠也搖搖尾巴離開了，準備下次再來進行一次演講。

這種思考者，就是大家喜聞樂見的勵志大師。無論他們實際上是如何面對困境的，僅從其演說內容來看，採取的是一種情緒取向的應對方式，在心理學中稱之為「傍同作用」，即當對自我價值的認知低於他人價值時，尋找與自己有關聯的人來實現提升自我價值。

智慧狐狸的方法
大家一起吃到

最後一組是解決組，這一組的狐狸，都從現實出發解決了吃不到葡萄的問題，所以，牠們都是人類社會中「人生贏家」的代表。面對吃不到葡萄的問題，這一組中的六隻狐狸分別採用了六種不同的解決方案。

第一隻狐狸來到了葡萄架下，牠不僅擁有非常發達的大腦，還有一般狐狸沒有的優勢——經驗。牠早就覬覦葡萄多時，一直在觀察情況，掌握資訊，直到有一天，果園主人使用了葡萄架旁的梯子，牠沒有放過這個重要資訊。終於，牠等到了機會，藉助梯子，輕鬆地爬上了葡萄架，摘到了葡萄。

這類解決者，我稱為先知。他們透過不斷觀察實踐，累積了經驗，獲得了比別人更多的經驗，自然能解決一般人難以解決的問題。在旁人的眼中，他們被稱為天才和先知，這是因為大家看到了他們成功後的風光，沒有看到他們成功之前的漫長探索。

第二隻狐狸也非常聰明，但缺乏經驗，也沒有耐心去長期觀察。牠的優勢在於靈活的處世態度和廣泛的資訊管道。牠聽別的狐狸說過，檸檬的味道似乎和葡萄差不多，但不像葡萄這麼難以取得。既然吃不到葡萄，去嚐一嚐檸檬也算是滿足了心願了吧！因此，牠便離開葡萄架去尋找檸檬了。

這類解決者，我稱為先知。他的行為在心理學上稱之為「替代」，即以一種自己可以實現的目標來代替自己無法達到的目標。這看似和思考組的認知失調有些像，不同之處在於他是出於一種理性標準的比較改換了目標，並未出現認知失調的情況。

第三隻狐狸經過一番計算，發現以自己目前的水準和能力想吃到這葡萄是不可能的。目前做不到，不表示以後也做不到，既然能力不足，那就努力提升吧！於是，牠報了一個研究生課程進修班，專門研究學習採摘葡萄的技術，很快，牠明白了梯子的用法，終於如願以償。

這類解決者，我稱為學生。他們面對問題的方法，是運用已有知識去分析解決，當發現自己知識能力不足時，就會透過進一步學習來提升水準，直到找到解決方案。

第四隻狐狸有一雙狡黠的眼睛，具有超越一般狐狸的高智商。牠發現自己和葡萄架的高度差問題之後，雖然也不會使用梯子，但卻很快意識到「必須藉助什麼來縮短高度差」。牠眼珠一轉，心生一計。牠回到狐狸窩，對幾隻狐狸說找到了摘葡萄的辦法。等這幾隻狐狸來到葡萄架下，牠趁牠們不注意，用偷偷藏起來的鐵鍬將眾狐狸打昏，將牠們捆起來，踩著狐狸們的身體搭成的「狐狸梯」，摘到了葡萄。

這類解決者，我稱為詐欺者。利用他人來獲取自身利益，雖為人所不齒，卻也是一種在社會中被廣泛使用博弈之道。

第五隻狐狸是一隻漂亮的狐狸小姐，也就是人們所說的「狐狸精」。看了一眼葡萄架之後，牠想：我一介女流，靠自己力氣，無論如何也是摘不到葡萄的，我何不利用美麗的外貌，借一借那些雄性的力量呢？很快，牠找了一個男朋友，正是那位最先吃到葡萄的先知。狐狸先知將梯子的使用方法做為定情信物送給了狐狸小姐。

這類解決者，我稱為借勢者。借勢者，不侷限於女性，只要是當自己力量不足時，會主動想到藉助他人優勢來達到目標的，都可算是借勢者。不同於詐欺者，借勢者並不傷害他人利益，而是以自己的某種優勢與他人互補，是一種互惠互利的博弈手段。

最後一隻狐狸非常有世界觀，能跳脫出個人目標來思考問題。牠想，我自己吃不到葡萄，別的狐狸來了也吃不到葡萄，這是因為單憑一隻狐狸的能力是無法摘到葡萄的。為什麼我們不學習猴子撈月，眾人合力去摘葡萄呢？於是牠動員所有想吃葡萄的狐狸，大家一層層疊起來，搭成狐狸梯，最後，所有的狐狸都吃到了葡萄。

最後這類解決者，我稱為領袖。牠不僅像詐欺者一樣找到了解決問題的關鍵，像借勢者一樣懂得合作，更懂得合理整合資源、分配利益，運用團隊的力量去解決困難問題。

「講完了。哎，妳怎麼還沒吃完？」他放下咖啡杯，看著目瞪口呆的我。雖然阿傑在每個故事背後加的那些解讀，我有些不以為然，故事本身還是挺有趣的。一個簡簡單單的酸葡萄故事，居然被他講成了一個關於面對困難問題，各種不同人的應對方法及其心理動機的複雜故事。

「今天就到這裡吧！下週有空再接著講。」

「好的。我下次會帶錄音筆，你的故事有點意思，以後我可能會用得著。」

第一個星期六

「世界真的如此險惡？」

——人生的「心」角度

「今天，先不講故事，給妳看一本書。」阿傑一坐下，就遞過來一本書。

我大概翻閱了一下，就丟在桌上：「貌似也是一本講大道理的書呢！不過內容好像也沒什麼特別出眾的地方嘛！」

「呵呵，這本書賣得很好哦！內容暫且不談，這本書的書名就很吸引人！說出了許多讀者的心聲。」阿傑把書立起來，封面朝向我，指了指書名。

「這倒是真的，無論哪個時代，對大多數人來說，生活都不是一件容易的事，薩特也說過『他人即地獄』嘛！這樣說來，到處都是地獄，世界能不險惡嗎？」

「如果妳這樣看，或許是這樣的，不過，這樣的話其實很難達到鼓勵人心的作用啊！就算妳有一個強大的內心，在整個世界面前，個人的力量又有多大呢？」

「就是啊，所以雨果的名言『我粉碎了每一個障礙』，後來到了卡夫卡那裡就變成『一切障礙都在粉碎我』了嘛！」

「妳這個心理諮商師抱有這種世界觀真的好嗎？太消極了吧！為什麼不換種視角呢？」阿傑端起了咖啡杯，「今天我的故事主題，就是關於認知視角的改變。」

一個司機的前半生

「有一部電影，叫《刺激一九九五》（The Shawshank Redemption）。還有一部電影，叫《惡魔島》（Papillon）。這兩部電影都是關於越獄的。雖然前者更有名，但我更喜歡後者，因為它對自由的解釋更進了一步——無論你最終能否獲得自由，你始終有『選擇』的自由。」

Cole剛剛抵達海德拉巴。下飛機後，他發現幾乎沒有計程車。原來，當地的司機正在進行大罷工。正當他準備給朋友打電話時，一個四十歲左右的男人走來。「先生，您是需要叫車嗎？現在都在罷工，你叫不到車的，我的車就在不遠處。」他一邊用流利的英語說著，一邊遞給Cole一張名片，上面寫著他的英文名字、聯繫資訊及所在計程車公司等細節。

司機的談話風格和流暢的英語讓Cole吃驚不小。他聽說過，一些機場附近拉客的司機善於用花言巧語騙取乘客信任，最後會收取高額路費，狠撈一筆。當時，有兩個選擇擺在Cole面前：信任這名司機或者等朋友來接。不知何故，他選擇了第一種。

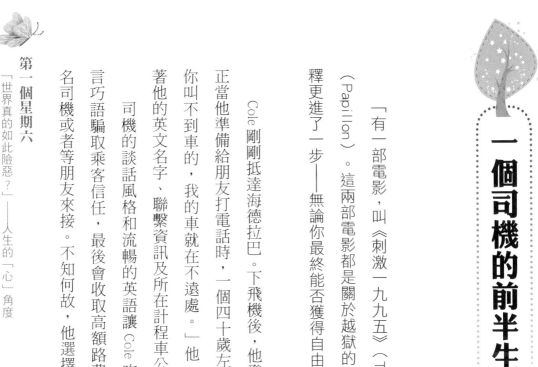

向目的地行駛而去的過程中，司機先生總是想辦法找話題聊。Cole 看著窗外的風景，不想與司機深入交談，直到他對 Cole 的下面這個問題給出了一個驚人的答案。

「你的英語這麼好，難道是修過英文學位？」

「是的，蹲監獄時修完的英文碩士學位。」聽到這話，Cole 一時間不知道說什麼好。沉默片刻後，司機說：「當時海德拉巴發生暴亂，死了人，我被警察抓去，被指控謀殺罪，判刑五年。那年我才二十歲，有著濃厚的學習興趣。」

「那麼，之後發生了什麼事？」Cole 問道。

司機笑著答道：「我在獄中完成了學業。」

「那你為什麼要殺人？」Cole 追問。

「我沒有殺人，我是無辜的。」司機平靜地說。

「什麼？」Cole 不知如何繼續問下去。

一段時間的沉默後，司機接著說：「您大概想問我如何看待這場冤案。一開始，這當然很難接受，不過最後我還是放棄抗爭，專心學習。因為我明白了這是一個選擇的問題。

小時候，母親就告訴我，每天我都會遇到各種事情，有幸運的事，也有不幸的事。當遇到不幸時，最終這件事對我來說是好事還是壞事，是由我的選擇所決定。遭遇不幸時，可以選擇成為受害者，也可以選擇從中學習到什麼。選擇前者，就只能抱怨自己的不幸，選擇後者，就會有所得。」

「道理是沒錯，但是要做到並不容易呀！小事還好說，但是遇到重大的不公，比如你無辜被逮捕，這怎麼能忍受呢？」Cole替司機感到不平。

司機說：「面對不公的判決，我無力抵抗，失去了人身自由，但並沒有失去選擇的自由。生活中，很多事情會砸到一個人頭上，看起來他是被動承擔痛苦，但反過來看，他也可以選擇面對的方式，決定事情的發展方向。現實決定了我現在的生活，我的選擇決定了我日後的生活。所以，我獲得了學位，出獄了，組建了家庭，過著美好的生活。」

說完這段話，司機就換了其他的話題，Cole卻陷入了沉思。快要到達目的地時，司機見Cole的思緒似乎還停留在之前的話題中，就對他說出了這段旅途的最後一句話：「一個人雖然永遠有選擇的自由，但做出選擇卻很難。當你做出的選擇是遵從自己內心的想法，而不是為了迎合他人時，做選擇就會相對容易一些。」

「這個故事不錯，而且聽起來像個真實的故事。」我見阿傑又拿起了咖啡杯，知道他已經講完了，「不過，我更想知道《惡魔島》的故事情節。」

「電影妳還是自己去看吧！說出來就沒意思了呀！」

這傢伙，就知道吊人胃口。

情人之間的博弈

「剛才，妳提到薩特的名言『他人即地獄』，接下來的故事就是關於看待他人的。」阿傑替咖啡加了一勺糖，慢慢攪動。

「你想說『他人即天堂』嗎？」

「不，這次，視角轉換的重點不在於他人是什麼，而是在於我們如何去看他人。關於這個話題，我想到了兩個故事，我們一個個來看吧！」

電影《鐵達尼號》讓人們記住了傑克和蘿絲的淒美愛情，也讓人們記住了這個悲劇性的海難事故。這是關於鐵達尼號的另一個愛情故事。

著名的鐵達尼號沉沒前，一對夫妻好不容易來到救生艇前，可是救生艇上只能再容納一個人，這時，丈夫抱了一下妻子，然後自己跳上了救生艇。妻子站在漸漸沉沒的鐵達尼號上，對丈夫喊出了最後一句話……

講到這裡，阿傑問我：「妳猜，她會喊什麼？」

人心難測，大難臨頭各自飛，這一點也不奇怪。按照常理，妻子應該是痛罵這個負心的男人吧！且慢，阿傑這個故事一定不是這麼簡單的。不過，我故意不繼續猜，好滿足阿傑喜歡賣關子的心理。

「哎，我想不出，你接著說嘛！」

「哼，沒有互動精神，太不配合了，我偏不說。跳過這一段，先講故事的結局。」

鐵達尼號沉沒了，丈夫回到家鄉，獨自撫養女兒。半個世紀過去了，丈夫病故，女兒在整理遺物時，發現了父親的日記。

原來，父親和母親乘坐鐵達尼號時，母親已身患絕症。在日記中，父親寫下了那天獨自跳上救生艇時的心情：「我多想再跳回去，和妳一起沉入海底。直到聽見妳的最後那句話，我只能停住腳步，讓妳一個人在海底長眠……」

最後那句話，就是：「照顧好我們的女兒。」

第一個故事講完。阿傑得意地攪著咖啡，說：「妳是不是以為這只不過是一個感人的故事，告訴我們不要輕易替別人的行為下判斷。呵呵，如果妳這樣想，也只是五十分，猜對了一半而已。」

「哦？另一半是什麼呢？」我已經發覺到這個男人喜歡賣弄聰明的本性，就懶得去逗他，故意不動聲色地問。

「另一半是情感的博弈。第二個故事可以讓妳明白這一點。」

一對熱戀中的情侶不幸遇到一個變態殺人狂。殺人狂是個心理非常扭曲的人，專門挑情侶下毒手，殺人之前還要讓他們玩遊戲。遊戲很簡單，兩個人玩猜拳，剪刀石頭布，一局定輸贏，輸的人當場被殺死，贏的人會被釋放，平手的話，則是兩人都被殺。

這個看似簡單的遊戲在附加了生死的賭注之後，變成了戀人之間的性命博弈，即使一方能活下來，也要背負害死戀人的心理罪，簡直就是魔鬼的遊戲。更可怕的是，殺人狂允許兩人在遊戲開始前商量一分鐘。這其實是對兩人感情的終極考驗。一般來說，兩人會選擇用平手的方式殉情，可是如果其中有一個人想偷生，就能保證自己絕對存活，而對方在死前，也會看清這個曾經與自己海誓山盟的人的真正本性。

和許多情侶一樣，故事中的這對情侶選擇了殉情，他們決定都出石頭。最後，伴隨著殺人狂的大笑和槍聲，女孩倒下了。因為，男孩出了剪刀，女孩出了布。

「講完了？」我見阿傑停下來不說了，急忙問道。

「是的。」阿傑答道。

「這算什麼。這麼陰暗的結局，還說他人不是地獄嗎？」

「在我們眼中，故事是以這種方式結束了。」

「我們眼中？」

「是的，我們，包括妳、我、故事的旁觀者，甚至殺人狂也算。」

「那麼，你的意思是有誰不算？」

「那對情侶不算。沒錯，這是個悲劇，不過不是表面上這樣的悲劇。這是一個博弈的悲劇，這兩個人都沒有讓對方死的意願，事實上，在他們之間，進行了一場『讓對方活』的博弈。」

「這怎麼說？」

「男孩和女孩約定了要出石頭。但如果真的都出石頭，兩人就都要死。他們都不想讓對方死，要讓對方活下去，所以不約而同地背棄了一起出石頭的約定。這是博弈的第一步。第二步，既然都出石頭，對方就會死，如果要讓對方活下去，出剪刀就可以了。於是，男孩就出了剪刀。」

「可是女孩是自私的，她本來想出布活下去，沒想到男孩出了剪刀，反而贏了自己。」

「不，妳搞錯了出發點。對這兩人來說，讓自己活下去不是這場博弈勝利的標準，讓對方活才是。」

「哎？」

「也就是說，女孩在這場博弈中，比男孩多走了一步。她知道男孩為了讓她贏，一定會出剪刀。所以，為了讓男孩贏，她出了布。」

「哎？真相是這樣嗎？」

「當然，真相只有這兩人心裡知道，在我們眼裡，只有一個結果，剩下的是兩種相反的可能。很多時候，只是知道結局，很難說真相是怎麼樣的，就如同薛丁格的貓箱，打開之前，貓既是死的又是活的。我們如何看，決定了真相如何被看到。」

冒牌天神

「Jim Carrey 有一部電影《王牌天神》，說的是一個凡人暫時成為了神的代理人，處理人類的慾望和訴求的故事。下面這個故事，可以算是那部電影的一個精簡版本。」阿傑一口氣喝完了咖啡，開始了一個新的故事。

一座廟裡有一尊佛像，大小和真人差不多，據說，這尊佛像有求必應，十分神奇。

這座廟還有一個獨特之處：住持大師長年在外雲遊，廟裡平日只有一個清掃佛堂的小沙彌。小沙彌每天看著來膜拜佛像的人，心想，這麼多人，每人一個心願，佛祖都要一一滿足，佛祖豈不是太辛苦了嗎？因此，他很想分擔佛祖的辛苦，一天夜裡，他向佛像說出了想法。他說完之後正準備起身回房，忽然聽到了一個聲音：「謝謝你，既然如此，明天，我們互換一下位置，你來當佛，我來當小沙彌，這樣我就能休息一天了。但是，在你當『代理佛』期間，只可傾聽，無論聽到或看到什麼，都不能說一句話，可以嗎？」

聽到這話，小沙彌被嚇了一跳，但他相信說話的無疑就是佛祖，於是趕緊答道：「好的，佛祖。」

第二天，佛祖變身成小沙彌，而小沙彌則變成佛像代替佛祖來傾聽膜拜者的訴求。

有了傾聽人們心裡話的能力之後，這一天，小沙彌聽到了各式各樣的祈求，這些訴求有合理的，也有不合理的，很多次，小沙彌都想對這些訴求做出回應，但是他還是忍住了，因為他必須信守和佛祖之間的約定。

一天的時間很快過去，日薄西山的時候，當地第一富商的兒子來到佛像前，他的願望很簡單：財產增加十倍。小沙彌覺得他真是貪心不足。富家子祈願之後，不慎將一袋錢落在了佛像前。小沙彌看在眼裡，想出聲提醒富家子，但是礙於與佛祖的約定，他沒有說話。

富家子剛離開，下一個進來祈願的人是一個窮苦人，他的妻子患了重病無錢醫治，他祈求佛祖能給自己一點治病的錢，好拯救妻子的性命。小沙彌想：我現在是代理佛，只能傾聽，不能給他什麼幫助，不如等和佛祖換回來之後，再用自己僅有的一點積蓄幫助這個人吧！

窮人準備離開的時候，無意間低頭發現了佛像下的那袋錢。他很高興，覺得佛祖果然顯靈，於是趕忙向佛像磕頭，之後拿著錢興高采烈地離開了。

看到這一幕，小沙彌很想跟窮人說：這錢是別人遺落的，並非佛祖顯靈施捨。萬一那個富家子找來可怎麼辦呢？但是他又轉念一想：富家子那麼富有，說不定根本沒把這袋錢當回事呢！這樣一想，他又閉緊了嘴，目送窮人離開。

這時，第三個祈願者進來了，這個人將要出海經商，祈求佛祖保佑自己接下來的海上旅途可以平平安安。小沙彌想：這附近也從未發生海難，應該是不會有什麼危險的。就在商人準備離開的時候，富家子回來找遺落的錢袋了。他見商人準備離開，不由分說，一把抓住商人，要他歸還錢袋。商人說沒看見錢袋，但是富家子不依不饒地罵道：「我才走一會兒，回來就見到你，不是你還有誰會拿？你這個人看著挺斯文，居然在佛祖面前做賊，不怕報應嗎？」

商人覺得又氣憤又委屈，他想：既然在佛祖面前，我更要和你論個公道！小沙彌見兩人幾乎要動手打起來，再也忍不住了，他像佛祖一樣直接對富家子的心靈說：「你的錢袋不是這個商人撿的，而是在他進來之前的一個窮人撿的。」富家子聽到佛的聲音，不再與商人爭執，急忙找那窮人去了。商人也匆匆離開，差一點就沒趕上出海的船。

這一天結束時，佛祖走到佛像前，祂對小沙彌說：「約定了只能傾聽，你為何又開口呢？」

小沙彌雖怕受到佛祖懲罰，但他認為自己打破約定的理由是沒錯的，就鼓起勇氣辯解：「弟子怕他們打架出事，才出聲阻止。而且，弟子說出的是真相，不曾打誑語呀！」

佛祖搖搖頭，說：「你所知的真相只在這小小佛堂內，不知各人因果。富家子的那筆錢是打算首次嘗試賭錢的，錢袋丟了便無事，找回錢袋，此後便沉迷賭場，最後傾家蕩產。窮人有了這錢，妻子可度過危機，一家從此不遇災難，過著清貧卻無憂的生活。沒有這袋錢，妻子病逝，窮人此後將痛恨神佛不公，自甘墮落去做了真正的盜賊。商人本來在此與富家子的一場糾紛，耽誤了出海，反而可得平安——他如今的命運卻是要在一場暴風雨中葬身魚腹。」

「這是個佛教的故事，頗有宣傳因果的意義。但我們換個角度來看，一個人即使坐上了神的位子，也做不到全知全善。妄加干涉、判斷他人，自以為出於善意，在他人立場看來又何嘗不是禍害呢？」阿傑嘆道。

「So，你想說，自以為好意而幫人，在別人看來，反而可能是成了惡？這不就變成了『他人即地獄』了嗎？」我抓住機會詰問。

「沒錯。不過，前提是我們自以為『眼見為實』，看到的就是對的。說到底，當人以為自己客觀到足以評判他人時，也許就一念成魔了。」

大偵探和小販

「妳在那種移動的雜貨車上買過水果嗎？」阿傑見我點了一份水果沙拉，突然問道。

「你說的是火車上那種水果賣得超貴的雜貨車？」

「對。有的火車月臺上也有這種雜貨車。一般都會賣得比其他地方要貴一些。不過，妳有沒有遇到下面這個故事中的大偵探遇到的情況呢？」

有一次，我乘火車旅行。火車在一個小站停下時，我走下車，到月臺上散步，同時看看有什麼可吃的。

這時，一個小販推著移動雜貨車來到我身邊，車上是盛滿蘋果的木桶，裡面的蘋果看起來又大又紅，個個飽滿，我一問之下，覺得價錢還很便宜，便買了一大袋。

上車後，我回到座位，準備享用我的大蘋果。

然而，我仔細看了看袋裡的蘋果之後，心裡不禁大呼上當。袋裡只有少數幾顆蘋果個頭飽滿，大多數都很小。我還不死心，一顆顆挑出來看，愈看愈失望。

「這是你的一次上當經歷？說好的大偵探呢？不會就是你自己吧？」我吃了一口沙拉，發出一段三連問」

「呵呵，首先，這個故事並不是我親身經歷的，我只是用第一人稱來講而已。其次，這也是一個需要換角度來看的故事。」

「你想說小販其實是無辜的？」我根據阿傑的語氣，猜測道。

「看來妳逐漸跟上我的思路了。我很欣慰呀！」阿傑又開始得意起來。

當時，我的第一個念頭是小販一定是在為我裝蘋果時，趁我回頭看火車的一瞬間，將蘋果調包了。但仔細一想，似乎又不太可能，那小販的動作沒有那麼快，也不知道我會轉移視線，應該來不及馬上調包。既然不是調包，那麼，他一定是將大蘋果擺在木桶的頂部，以此來吸引顧客。待顧客真正要買時，他就拿桶下面的小蘋果。

沒錯，這種假設很合理，對沒有時間自己挑選蘋果的客人來說，小販這樣做很難被發現，而且客人買了蘋果就離開，發現上當之後也無法回來索賠了。一定是這樣的。我對自己強大的推理能力感到非常滿意，同時對小販的不誠實感到非常氣憤。

「對啊，我也是這樣想的。」我打斷阿傑的話，「可是你不是說小販是無辜的嗎？」

「唉，妳這急性子能不能改改。人家話還沒講完呢！」阿傑眉頭一皺，繼續講下去。

啃著僅有的幾顆大蘋果，我漸漸冷靜下來，開始重新回顧「案情」。考慮到「作案動機」和「實施犯罪的可行性」，我不禁懷疑起最初的推理：小販真的有意這麼做嗎？難道他每天都是把大蘋果放在上面，把小蘋果放在下面嗎？在雜貨車移動的過程中，這種擺放一旦因為搖晃而改變，他豈不是要一而再、再而三地重新擺……

等等，想到這裡，我忽然發現自己的推理有一個巨大的漏洞。

沒錯，那就是：雜貨車是在不斷移動中的，蘋果的大小是不一的，即使在靜止狀態下擺好，也會因為雜貨車的移動而改變，最終，導致一個穩定的結果。

這個結果，就是當時我所看的，大蘋果在上，小蘋果在下。換句話說，整車蘋果的平均大小並不是我正在吃的這顆蘋果這麼大，小蘋果在雜貨車晃動過程中不斷「沉」到下方，大蘋果下不去，就自然而然留在了上面。

「也就是說，罪犯並不是小販，而是雜貨車。」我又忍不住打斷阿傑，替他下結論。

阿傑白了我一眼，冷笑道：「可惜啊，我親愛的華生，雜貨車還不是真正的罪犯。」

如果只是看到表面的大蘋果，我大概還不會產生後來那種被騙的憤怒。除了搖晃的雜貨車，又大又紅的蘋果，還有一個重要的因素讓我「上當」，那就是價格。從小販角度來說，蘋果是按照平均大小去訂價的，也許比水果市場或超市裡稍微貴一些。可是，從我的角度來說，這個價格是以大蘋果去衡量的，不僅不覺得貴，反而很便宜。這就是以不同的參考值，產生了不同的心理預期。

「所以，導致大偵探『上當受騙』的真正的罪犯還是大偵探自己的心理預期。小販也好，雜貨車也好，都是無辜的。」我再一次無視阿傑的抗議，給故事下結論。

「別得意，還有另一種可能。這個故事中的小販是誠實的，但不夠聰明，沒有想到顧客會誤以為他賣的都是大蘋果。如果他夠聰明，卻仍然不提醒顧客注意蘋果的平均大小，那就有欺詐的嫌疑了。人心難測，別把人想太壞，也不排除有壞人的可能呀！」

唉，又讓阿傑將了一軍。

狹路相逢，智者如何取勝

「狹路相逢勇者勝，」阿傑忽然開始了一個新的話題，「這句話妳知道是什麼意思嗎？」

「很簡單呀，就是說在狹窄的地方相遇，勇敢的一方會勝出。」

「妳漏了前提。這句話如果沒有這個前提，就不一定正確了。」

「什麼前提？」

「前提是：敵對的雙方。也就是零和博弈，雙方相遇，總有一方要輸，所以這個勝，指的是幹掉對方。」

「這不是理所當然的嗎？」

「在零和博弈裡是理所當然的。不過，很多時候，人們說這句話的時候，沒有想到前提已經不是零和博弈了。兩方看似有利益衝突，其實是有可能都達到 Win-Win 的結果。這時候，勝出的方式就不是勇，而是智了。這裡的智，也是要換個角度來看問題。」

一個紳士要過一座獨木橋，剛走了幾步，迎面走來一個孕婦。紳士轉過身回到橋頭，讓孕婦過了橋，等孕婦過去，再次上橋。紳士走到橋中央時，又遇到一位挑柴的樵夫，他見樵夫擔柴非常辛苦的樣子，又回到橋頭讓樵夫過了橋。這之後，紳士想：還是等急需過橋的人都過了，我再上橋吧！終於，橋上的人都已通過，紳士匆忙上了橋。

沒想到，紳士快要到橋頭的時候，迎面走來一位推車的農夫。紳士覺得這次讓自己先通過是更合理的選擇，他摘下帽子，向農夫致敬：「先生，你看，我就要到橋頭了，能不能讓我先過去，你再上橋呢？」農夫瞪了紳士一眼，說：「你這悠閒的人，沒看見我推車急著趕路嗎？」兩人不肯謙讓，爭吵起來。

這時，河面駛來一艘小船，船上坐著一個牧師。兩人叫住牧師，請他為他們評理。

牧師問農夫：「你不讓的理由是你的事更急嗎？」

農夫連連點頭：「是的，我真的很急，晚了就趕不上市集了。」

牧師說：「你的時間既然如此寶貴，為什麼不盡快給這位紳士讓路呢？你只要退幾步，紳士便過去了，你不就可以早早過橋了嗎？為什麼要和他爭執不下，浪費時間呢？」

農夫聽到這話，想：沒錯啊，我怎麼這麼傻，在這兒浪費時間？於是就退下橋，讓紳士過去。

紳士通過後，想向牧師致謝。牧師又笑著問紳士：「你執意要農夫給你讓路，是因為你已經快到橋頭了嗎？」

紳士點頭道：「牧師先生，你不知道，在此之前我已經給許多人讓了路，如果繼續讓下去的話，我便永遠過不了橋。」

「可是，如果農夫不讓，你仍然過不了橋。」牧師又問：「你既然已經給那麼多人讓了路，何不再讓農夫一次？即使過不了橋，至少還能保持你的紳士風度。而且農夫過去之後，你不就能夠過去了嗎？」

「牧師的話挺有道理的，農夫謙讓可得時間，紳士謙讓可得風度。看來，他就是在狹路相逢中勝出的『智者』了吧！」

「算是吧！不過，如果故事中的農夫沒有推車，那麼獨木橋的問題，其實還有一種更好的解決方法。」

好吧！我就知道阿傑一定不會讓我猜到真正的答案。這次，我沒有打斷他，阿傑等了一會兒，就講出了第二個故事。

上高中的時候，校門口有一條小河，河邊有一片樹林，河邊和樹林之間有一道只能容納一個人通過的田埂。那時候，我們去樹林玩時，都會抄近路通過那條小道。

有一天，我走在田埂上，迎面遇上了校長。校長看到我笑著說：「你這頑皮的孩子，是要過去樹林玩嗎？」

我不好意思地說：「看書看累了，想去散散步。」

校長似乎看透了我的真實目的，卻沒有戳穿，說：「放鬆一下是好事，不過既然遇到校長，怎麼也得出個題目考考你才行啊！」

我想：在這種地方，也沒有紙筆，能出多麼難的題目呢？大概是國文、歷史什麼的吧！簡單。於是，我自信滿滿地答道：「好的，校長，您出題吧！」

不料校長笑著問了一個奇怪的題目：「你們平時都怎麼過這道田埂啊？」

我說：「就是這麼慢慢走過去。」

校長又問：「如果像我們這樣兩個人遇上了呢？」

我說：「這樣的話，兩個人就要小心側著身子過，如果不小心，就可能兩人一起摔到田埂下面的水窪裡。我就和一個同學一起摔過一回。」

校長搖搖頭，說：「這是一個答案，不過不是最佳答案。兩人慢慢側身而過，既不快，也不安全。有沒有別的辦法，能夠讓兩人又快又安全地通過呢？」

這個問題可把我難住了。最安全的方法，還是讓一個人先退回去，讓另一個人先通過。可是這也太費時間了，不符合「快」這個要求。如果兩個人在側身通過時加快速度，又很容易掉下去，不符合「安全」這個要求。我想了半天也想不出來，只好用求助的眼神望著校長。

校長也沒有講出答案，而是向我張開了雙臂，說：「你也做這個動作。」

我一時沒有明白校長要幹什麼，也只好也張開了雙臂。下一秒，校長突然抱住我，使我雙腳離地，然後原地轉了一百八十度，再把我放下。

我總算明白了校長說的最佳答案了。他先用擁抱固定了我們兩人的重心，再利用離心力，把重量小的我「盪」到另一邊。這果然是個又快又安全的方法。

「這也行？我明白了，這是說要善於合作。但如果是一個女生遇到一個男生呢？」

「那就是男生走桃花運的機會來了唄！」阿傑故意用猥瑣的聲音答道。

污名與佛心

「講了這麼多故事，貌似還是說人始終要往好的方面看吧！」我回憶了阿傑講的幾個故事，問道。

「不一定，」不出我所料，阿傑沒有輕易同意我的結論，「在現實生活中，大家還是會遇到很多不公正的事情。」

「照你的意思，不就是要善於接受現實，發現不幸中好的一面嗎？」

「多數時候是這樣。有的時候，善於接受不幸還不夠，最好能善於主動承擔不幸。當然，這樣做，是為了避免更大的不幸。」

有一個商人，帶著一頭驢和一匹馬上路。馬只需要馱商人，驢卻要背負沉重的貨物。驢向馬懇求：「馬兄，再這樣下去我一定會累死。你能不能救我一命，幫我分擔一些。」

馬想：馱貨物是你的職責。馱人是我的工作。我們應該各司其職，做好自己的本分才對。馬用「各司其職，各守本分」的道理教育驢，驢精疲力竭，還沒有聽完馬的演講，就耗盡了力氣，累死在路上。

看見驢死了，商人大呼倒楣，只得下馬步行，把貨物全轉到馬背上，再加上死驢的驢皮、驢肉。

「這個故事我聽過。是個笑話。」我看了看阿傑，他並沒有端起咖啡，「不過，故事還沒講完，或者還有第二個故事吧？」

「看來，在我的調教下，妳真的變聰明了呢！」阿傑笑了笑，接著講下去，「驢和馬的故事原本並不是笑話，而是佛家寓言。下面這個故事，也與佛有關。」

有一座名剎，裡面供奉著一串佛珠，據傳佛陀曾佩戴過的。因此，雖然它地處偏僻，還是有許多僧人慕名前來，希望在佛珠的庇佑下，可早日修行圓滿。

有一天，住持召集全寺僧人說：「佛珠不見了！」

眾僧覺得難以置信。平日裡，佛珠二十四小時有人輪流看守，而此廟又處於湖心小島，即使有身手矯捷的飛賊，也必須先藉助船隻上島。眾僧環島查探，沒有發現任何可疑船隻。排除了種種可能，只有一個結論，就是內賊所為。結論一傳出，眾僧一時人人自危，每個人都在懷疑他人的同時成為了被懷疑的對象。

住持方丈卻毫不驚慌，他召集了全寺僧侶，說：「七日之內，只要那個偷佛珠的人悄悄把佛珠送還，我不會懲戒他，也不會公開他的身分，還會將寺裡另一件修行寶物贈與他。七日之後，若佛珠尚未歸還，說明本寺護寶不利，大家都有責任，屆時老衲會與眾僧一同皆離開本寺，去他處修行。」

雖然住持方丈的話每個僧人都聽到了，但是六天過去，沒有人來歸還佛珠。不僅如此，原本互敬共處的師兄弟之間也因猜疑而不再交談，過去那個安寧祥和的氣氛如今變成了令人壓抑的沉重空氣。

最後一天，方丈對眾僧說：「看來大家都是清白的，珍貴的修行寶物也不能誘惑你們放棄清白。既然如此，明天早上我們就離開此地吧！」

第二天一大早，眾僧收拾行李，準備搭船離開。只有一個小和尚，仍然靜坐在佛像前唸誦經文。大家都在心中鬆了一口氣——看來，終於有人承認拿了佛珠。鬆了一口氣之後，眾僧又開始竊竊私語，討論這平日裡老實本分的小師弟怎麼能做出這樣的事。

方丈緩緩走到小和尚面前，問道：「你不準備離開，是承認自己偷了佛珠嗎？」

小和尚雙掌合十，說：「師父，偷珠之名，徒兒願承擔，但其實並非徒兒所為！」

方丈又問：「既未拿佛珠，為何要擔污名？」

小和尚答道：「徒兒來此，不為得佛珠，但求修佛心。這七日，師兄弟們互相懷疑，既傷自己的佛心，也傷別人的佛心。雖無人承認盜珠，大家的佛心卻漸失。佛說，我不入地獄誰入地獄。徒兒不用入地獄，只要承擔盜珠的污名，就可保住大家的佛心，何樂而不為呢？」

聽完他的話，方丈從衣袖中緩緩取出那「遺失」的佛珠，將其戴在小和尚的脖子上：「佛珠可失，佛心難修。為師本欲以佛珠試眾僧佛性，不料卻傷了大家的佛心。徒兒你能擔污名，保佛心，有資格成為本寺新住持。」

「這個故事和前一個對照起來，妳怎麼看？」阿傑趁我沒反應過來，先發問。

「你是說，在這種大家都會受害的情況下，不應自保，反而要從整體角度出發，主動承擔責任？這還真是一個集體主義的結論。」我毫不客氣地說。

「妳可以這樣理解。但是換個角度，」阿傑故作深沉，推了推眼鏡架，「這還是個選擇的問題。在不幸面前，選擇幫別人承擔一些，至少可以更容易從自怨自艾中走出來，讓狀況轉往好的方向。」

「哎？等等，」我總算抓到他的漏洞了，「這不就回到我們最開始的話上了嗎？」

「沒錯。好吧！這一次算妳說對了。」

短途，還是捷徑？

「佛家的寓言和故事，有很多都很有意思。其中的道理往往非常淺顯，卻都需要聽的人換一種角度去看才能明白。下面這個故事也是如此。」

有一位寺廟的方丈，因年事已高，想將住持方丈的位子傳給弟子。於是，他將自己最優秀的兩個弟子慧明和慧緣叫到面前。方丈說：「你們倆誰能憑自己的力量，從寺後面懸崖的下面爬上來，我就將住持袈裟傳給他。」

二人來到懸崖下，只見崖壁極其險峻陡峭，令人望而生畏。慧明是寺中第一強壯的弟子，他毫不畏懼絕壁的挑戰，信心百倍地開始攀登。可是崖壁實在太光滑，爬不了多高，慧明就滑了下來。慧明的意志非常堅定，他一次次小心嘗試，從不同角度、不同起點開始攀爬，卻一次次摔落。最終，他憑藉過人的毅力和體能，爬到了半山腰，卻已耗盡力氣，腳一滑，重重跌落，被眾僧及時救回，好在他身體強健，沒有性命之虞。

慧明的慘狀，慧緣看在眼中。他想：寺中第一高手，大師兄慧明都失敗了，我行嗎？不過，總不能辜負師父的期待，連試都不試就放棄吧！於是，慧緣也硬著頭皮開始攀爬。他準備了繩索，爬得非常小心，費了很大氣力，終於勉強達到慧明所爬的高度，但也無力再攀登，只能用繩索掛在半空中休息。

休息的時候，慧緣低頭看了一眼，突然解開繩索，小心地滑了下來。只見他整了整衣衫，頭也不回地朝山下走去。

旁觀的眾僧都十分不解，難道慧緣看攀頂無望，就此放棄了？大家議論紛紛。只有方丈默然地看著慧緣的背影。

過了片刻，慧緣重新站到了方丈面前，方丈微笑著宣布慧緣為新一任住持。

眾僧皆面面相覷，不明就裡。

慧緣向眾僧解釋：「大師兄是本寺功夫最高者，連他都失敗，說明寺後懸崖實乃人力不能攀登的。但是我在山腰處低頭下看時，見一條隱蔽的上山之路。師父經常對我們說『明者因境而變，智者隨情而行』，遇事豈可不知伸縮退變呢？」

方丈點了點頭說：「雖臨萬仞，心不設壁，即是捷徑。天不設牢，人自在心中建牢。心牢之內，徒勞苦爭，輕者苦惱傷心，重者粉身碎骨。攀爬絕壁，意在堪驗你們心境，能心中無礙，順天而行，方見佛性。」

「這個故事讓我想到教育呢！好學生往往只會聽老師的話，記住答案，真正聰明的孩子都是慧緣這樣的呀！」我嘆道。

「這倒是。不過，這個故事中有個關鍵字：捷徑。這也是很多人會誤解的概念。」阿傑用非常彆扭的方式把被我帶偏的話題方向又拽了回來。

Candy 出門晚了二十分鐘，她一邊啃三明治一邊快速鎖上門。這天，公司有個很重要的會議，會議中的表現關乎到她最近能否升職，所以千萬不能遲到。

Candy 好不容易攔到了一輛計程車，匆匆上車後，她告訴司機目的地之後，又加了一句：「我趕時間，拜託您走最短的路！」

不料，司機問了一個奇怪的問題：「走最短的路，還是走最快的路？」見 Candy 不解，司機又解釋說：「現在是高峰期，最短的路都會塞車。如果妳趕時間，我們就必須繞道走，才是最快的路。」

聽完這話，Candy 毫不猶豫選擇讓司機走最快的路。途中，她看見不遠處的街道擠塞得水洩不通——那正是她一開始準備走的「最短的路」。最後，雖然路程較遠，比平時多花了點時間，卻還是趕上了會議。

「兩點之間直線最短，這是小孩子都知道的，很多成年人在遇到事情的時候，卻還是抱持這種簡單的思維，以為最簡單的路線就是捷徑——」阿傑一如既往，準備下結論。

「其實，有時候換個角度，繞遠路反而是最快的，對嗎？」我抓住機會，搶下了他的結論。

天下第一的刺蝟

「回到我們今晚最初的話題吧！」阿傑又拿出那本書，隨意翻著，「有時候，世界還真是挺險惡的呢！尤其在一個人對世界放鬆警惕的時候。」

說完這話，阿傑一副說了某句很厲害的名言的樣子，「嘿嘿」地笑起來，似乎想到了什麼好玩的事。果然，在我的追問下，他把這個有趣的故事講了出來。

說到百獸之王，一般人會聯想到老虎、獅子等猛獸，或者大象、鯨這種龐然大物。可是這個故事要說到的百獸之王，並不是這些常見的角色，而是一個不起眼的傢伙——刺蝟。

刺蝟渾身長滿了尖刺，這些尖刺就是牠獨一無二的強力武器。憑藉這武器，刺蝟一度自稱為叢林中的霸王，許多動物不服氣，前來挑戰。

有一回，野豬向刺蝟挑戰。牠聽說刺蝟十分兇悍，還以為是個大塊頭，沒想到見面一看這麼矮小，還不夠塞牙縫呢！於是，牠奮力向刺蝟衝刺，準備咬斷刺蝟的脖子。刺蝟毫不畏懼，牠立即豎起了尖刺。交手的瞬間，尖刺就刺穿了野豬的嘴唇。這一戰，導致野豬很長時間不能正常吃東西，牠充分領教了刺蝟的厲害，以後再見到刺蝟，總是躲得遠遠的。

還有一回，巨蟒向刺蝟挑戰。巨蟒聽說過刺蝟與野豬之戰，牠分析野豬失敗的原因應該是嘴太小。俗語說「貪心不足蛇吞象」，雖然巨蟒沒有真正吞過大象，但也總把這句話掛在嘴邊，以此震懾對手。牠想：大象我都可以吞，還有誰我吞不了？野豬的嘴太小啦，只能咬，吞不下。看我吞下刺蝟，活活悶死牠！於是，巨蟒就按照計畫，找到刺蝟，張開大口開始吞吃。不料，刺蝟剛一進入嘴裡，沒等嚥下去，巨蟒便覺得有千萬根尖刺扎入了牠的口腔、舌頭，甚至咽喉，劇痛難忍。牠想馬上就把刺蝟吐出來，可是尖刺已深深扎進了肉裡，根本吐不出來。掙扎了一段時間，巨蟒被折騰得精疲力竭，終於癱倒在地，疼痛而死。

刺蝟戰勝各種強大對手的消息在叢林中不脛而走，愈來愈多的動物都知道刺蝟身手不凡，能以小勝大。最後，沒有任何一隻動物敢向牠挑戰，甚至老虎也在公開場合做出官方發言，承認刺蝟是叢林真正的頭號強者，只不過牠淡泊名利，對政治不感興趣，所以讓自己做為代理國王治理叢林云云。聽到這話，刺蝟得意極了，牠完全相信自己就是世界上最強大的動物。

刺蝟的朋友都是一些非常溫和弱小的動物，其中關係最好的是燕子和松鼠。牠們見刺蝟得意忘形，自以為天下第一，覺得應該給牠提醒。牠們對刺蝟說：「銳利無比的刺是你的長處。可是，你也有短處，比如你的奔跑速度。一旦遇到危險，卻用不上尖刺時，你就難以逃脫了。所以，你要抽空鍛鍊一下，彌補缺陷呀！」

刺蝟不以為然。牠覺得，燕子和松鼠除了速度比自己快一些，可以說是一無是處。牠們是因為嫉妒才說出這樣的話。牠說：「速度快算什麼本事，叢林裡速度快的動物多了，只有我有尖刺，尖刺才是真本事。再說了，有什麼危險能讓我用不上尖刺而不得不逃跑呢？」此後，牠仍然不去鍛鍊腳力，整天吃了就玩，累了就睡，過得無憂無慮。

有一天，叢林裡突然燃起了大火。燕子和松鼠對刺蝟說：「大火很快就燒過來了，你的尖刺也用不上，快點逃吧！」說完，燕子一眨眼工夫就飛出了叢林。松鼠不停地從一棵樹上跳到另一棵樹上，雖然比燕子慢了一些，也及時逃離了火災區域。

刺蝟感到陣陣熱浪襲來，牠第一次體會到什麼叫到恐怖和絕望，只能拔腿拼命地跑。可是，牠跑得實在太慢了，逐漸被火焰追上。牠想起燕子和松鼠的話，終於明白自己根本不是什麼強者：在叢林，只有能活下去才是強者。然而，悔之晚矣。火焰很快就追上了牠，將刺蝟的尖刺和肉體燒成了灰燼。

此後，刺蝟的後代不再以天下第一自居，變得非常謹慎低調，總算和其他動物一樣，堅強地生存了下去。

「這個故事很適合講給小孩子聽呢！教育孩子們不能驕傲。」我也被阿傑繪聲繪影的講述逗得不時笑出來。

「可是妳不是小孩子吧！應該知道這個故事並不只是告誡人們不可驕傲。」阿傑提醒我，「這個故事的主題其實非常沉重，貼切地解釋了『世界如此險惡』這句話。」

我停住笑，想了一下，說：「你是說，真正的危險是未知，在不知道的地方，也有能給我們帶來巨大傷害的事物存在？」

「沒錯。這次直接給妳一百分。」阿傑剛才短暫出現嚴肅的表情瞬間又變得得意忘形起來。

嗯，就和那隻刺蝟一樣。

不同世界線上的兩個老人

「如果改變視角，事物的表現會不一樣。這一點相信妳也同意吧！」阿傑注視著被他不斷攪動的咖啡，「那麼，如果改變視角，世界線（World line）會不會改變呢？」

「世界線？那是什麼？」我對阿傑突然說出的這個陌生的名詞感到很奇怪。

「世界線是愛因斯坦愛一九〇五年在論文《論動體的電動力學》中提出的概念。廣義來說，就是事物在時空中的存在，從過去，到未來。」阿傑繼續發動學者模式，「我想到兩個故事，其中有兩位著名老人，可以來解釋這個概念。」

有一個牧羊人住一座山的山腳下，靠著辛勤的勞動養活家庭。他家的屋前有條路通向市集，屋後有條路通向後山。他的工作有兩部分：養羊和賣羊肉、羊奶。每天放羊到後山，從屋後出門，很方便。販賣羊肉、羊奶時，他就必須從屋前的路去市集，也很近。

有一天山體滑坡，屋前的路被一座小土山所阻，變得無法通行了。

牧羊人最初見去市集的路走不通，只能每天從後山的路繞遠去市集。從後山去市集要走十幾個小時。時間一長，他覺得生活變得比過去辛苦了數倍，必須設法改變這個狀況才行。一天，他終於下定決心要把土山移開。於是，他每天帶著兒子開始挖山。不料土山的土質非常硬，裡面有許多石頭，很難挖，挖出來的土也不能隨意丟棄，只能運送到遠處的山谷。這樣一來，每天只能挖掉非常少的一點。兒子說：「算了吧！這樣下去，幾年都不能挖走多少啊！」牧羊人的回答非常堅定：「不管多少年，都要堅持下去。就算我死了，只要你還準備在這附近當一個牧羊人，就必須挖平這座山，不然日子根本沒辦法過。」

「哎，這故事怎麼這麼耳熟。這不是愚公移山裡面那個愚公嗎？」我不禁打斷阿傑的講述。

「是的。第一個著名的老人就是愚公。不過，這個故事中沒有天神的幫助，愚公也進入了一個新的世界線，有了不同的結局。」

「我有點懂你的意思了。所謂世界線，也就是命運吧！沒有神的幫助，愚公的命運就很慘了呀！難道真的代代挖山不止？」

「不需要這麼累。改變命運，有時候真的只需要換個視角就好。」說完，阿傑不等我回答，繼續講下去。

一晃半年過去了，正如牧羊人的兒子所說，山根本沒有減少多少。有一次，兒子累得大汗淋漓，坐在一塊石頭上休息。他怔怔地注視著面前的土山，突然一拍大腿，說：「啊，真傻！我們真傻啊！為什麼一定要移開這座土山呢？」

牧羊人一聽，忙問：「難道還有更好的辦法嗎？」

兒子大聲說：「太簡單了，一般來說都會先想到這個辦法才對——搬家不就行了嗎？把羊從後山趕到土山另一面，然後在那邊重新蓋棟房子。反正放羊不一定要到後山，只要我們離市集近就可以呀！這樣做，最多只需兩個月的時間。」

牧羊人聽後一把摟住兒子說：「兒子呀，你簡直是上帝派來的天使！」

聽完這個故事，我忍不住笑出聲：「說真的，我最初聽到愚公移山這個故事，也在想，這個愚公真是夠笨的，一般人都是會選擇搬家嘛！」

「沒錯，這就是個笑話。可惜，人們在遇到事情的時候，往往會以為努力不夠，以為花更多的力量去嘗試，總是多少能改變狀況。其實，換個視角，你也許就進入了另一條世界線，從根本上改變命運。」

「剛才講了一個愚蠢老人的故事，下面是一個聰明老人的故事吧！」阿傑抿了一口咖啡，繼續說，「這個故事的問題是這樣的：視角不變，能不能改變世界線呢？」

有個國王非常倚重自己的宰相。這位宰相是一位智者，他總是相信一個人所經歷的事情都有好的一面。憑藉這種樂觀的態度和高超的智慧，他為國王解決了許多難題，因此受到國王的寵愛與信任，無論做什麼事都要宰相陪同左右。

有一天，國王外出打獵，在追捕獵物時不小心弄斷了一根手指。國王從沒有受到過這麼重的傷，他覺得這件事非常不吉利。於是，他忍住劇痛，召來宰相，徵詢他對斷指的看法。

宰相聽完國王的擔憂後，說：「陛下，不用擔心，斷指是好事。」

雖然國王已經無數次聽大臣說過類似的話，但這一次，他生氣了，覺得宰相太不拿他當回事了。一怒之下，他下令將宰相關進監牢。

過了幾個月，國王的斷指痊癒了，他再次外出打獵。這次，倒楣的國王在追逐獵物途中和部下走散，身邊只剩一名隨從。他們兩人在迷途中深入叢林，被叢林中的土著野人活捉了。

依照野人的習俗，每隔一段時間必須選取一隻活的「獵物」獻祭給他們的神，這一天正好是獻祭日，於是，他們把國王放到祭壇上。祭奠儀式開始時，主持儀式的巫師突然發出一聲驚呼。原來，巫師看見了國王的斷指，按照他們的律例，將不完整的祭品獻給天神，會遭到天神譴責。野人們連忙將國王解下祭壇，換上那名隨從，再把國王趕出了部落。

國王一路摸索，終於找到方向，逃回皇宮。坐在久違多日的皇位上，他忽然想到宰相的那句「斷指是好事」。現在看來，這話一點也沒錯。如果不是這根斷指，自己在野人部落就在劫難逃了。國王感覺很羞愧，馬上叫人將宰相從牢裡放了出來，並真誠地向他賠禮。宰相笑了笑，說：「沒關係，坐牢是好事。」

國王不明白：「斷指是好事，這我已經明白了。你並沒犯錯，卻被我關在監牢裡受苦，對你來說這又怎麼會是好事呢？」

「當然是好事，」宰相回答，「陛下，您想，如果我不是在牢中，那麼，被野人抓住時陪在陛下身邊，最後代替陛下被獻祭的人會是誰呢？」

「這個宰相，不就是那個『塞翁失馬焉知非福』的塞翁嘛？」我聽完故事，立刻說道。

「沒錯。第二個著名老人，就是塞翁。這裡的塞翁和我們熟知的那個塞翁不同，他身居高位，一人之下，萬人之上，看似比一般人更能掌握自己的命運。如果把他和塞翁看成是同一人，那麼，塞翁的世界線已經發生了重大改變。可是，他看事物的角度並沒有改變。在塞翁看來，世界充滿了未知，命運的幸與不幸，總是交替產生的。他看待世界的視角非常特殊，是一種『總是相反』的視角，因此，世界也因而發生了偶然的變化。這種人，雖不能說扼住了命運的咽喉，至少可以說他洞悉了命運的軌跡了吧！」

橋上的風景

「如果一個人面對這險惡的世界，對生活完全放棄了希望，一心求死。妳會怎麼辦呢？」阿傑突然問。

我思考了一會兒，正準備從各種情況開始分析對策，沒想到居然被阿傑擺擺手阻止了：「我知道妳從專業角度會有很多方法。不過，當一個人真的到了這一步時，一般是不會主動找心理醫生的，不僅如此，甚至還可能躲開親朋好友，找一個偏僻角落，在一個四下無人的時候採取行動——如果一個人看到了這種求死者，他又不是心理醫生，該怎麼辦呢？」

我明白這個「怎麼辦」並不是要我回答的問題，而是一個故事的引子，便不回答，等他說下去。

Darcy 坐在同樣冰冷的橋欄杆上，兩眼無神地望著前方，腳上的一隻鞋已不知去向。河的兩岸，高樓林立，繁華的都市夜景閃耀著炫目的光彩，似乎在引誘著人們投入其中。但此刻，Darcy 最渴望的卻是投入河的懷抱。

這條穿城而過的河，是這個城市最的美麗風景。可是它也是一條悲涼的河，每年總有幾人跳河自殺，對他們來說，這座橋就是那扇通往死亡之門。

遠處傳來自行車行駛的聲音，就在經過 Darcy 身邊的時候，聲音戛然而止。一個裹著大衣的男人，把自行車靠著橋欄停下。「我的錢呢？那可是救命的錢呀！」男人突然發出一聲努吼，把 Darcy 的視線給吸引了過去。

Darcy 看了男人一眼，見他在打手機，便又轉過臉，繼續望著河面。男人掛了電話，還在對著空氣吼著：「全天下就沒有一個好女人，全是卑鄙無恥、無情無意！」

聽到這句話，Darcy 的臉色變得非常難看。她跳下欄杆了，黑著一張臉，用手指著坐在地上的男人，罵道：「你這樣說話，算什麼男人？你母親也卑鄙無恥、無情無意嗎？在我看來，你們這些臭男人，才沒有一個好東西呢！」

被人突然指責，男人回過頭看了看 Darcy，反而斥責起她來：「妳又是誰，憑什麼說我？妳如果是好女人，這大半夜的，不在家看護小孩，伺候老人，陪伴丈夫，卻跑到橋邊看風景？」

Darcy 本想繼續反擊，聽到最後一句，又把話吞了回去，開始哭起來，她雖涕淚滂沱了，卻沒有哭聲，只有淚水。她這悲痛斷腸的樣子讓男人慌了，他連忙抱歉地說：「對不起！剛才那些話不是針對妳。我指的是我的老婆……」

男人開始訴說自己的遭遇：因為工作忙，長年不在家，老婆跟別的男人在一起了，正在和他鬧離婚。十歲的兒子到河邊游泳結果淹死，老父親一氣之下，腦溢血發作，生命垂危。

聽著男人的訴說，Darcy 安靜了了下來，她向男人道歉，之後也開始訴說自己的遭遇。說完，Darcy 自嘲道：「和你相比，我的事簡直不算什麼。不就是男友變心嗎？天下好男人多的是，只要活著，一切都會過去，會好起來的。」

男人笑了，說：「誰說不是呢？不管遇到怎樣的不幸，和死亡相比，活著始終是件美好的事。只有活著，才有可能，才有機會。人活一世，誰沒有遇到幾次苦難，誰沒有幾次辛酸？就像這座橋，橋下漆黑一片，走過去了，就又是一番五光十色的天地。但若從這橋上墜落，就什麼都不存在了，也許自己不再痛苦，卻給親人們留下無限悲傷。」

Darcy 鄭重地點點頭：「你說得對，我想通了。你也要想開一點。」

男人沒有繼續談下去，他跨上自行車，回頭道：「我得走了，家裡還有急事，下次有機會再聊吧！」

看著這個在最後一刻挽救自己的男人，Darcy 追問道：「等等，你能留個聯繫方式嗎？」

這次，男人沒有回頭，他笑著說：「我老婆在醫院生孩子呢！今晚，我可不能再不顧家了。再見！」

「這男人很機智呢！」我也學著阿傑的樣子，不停裝模作樣地攪動咖啡，「結局很不錯。」

「這種結局是歐亨利式，既出人意料，又符合情理。很多事情都有多個合理的角度，當你專注於其一的時候，往往就忽略了其他。正如那準備自殺的女子。勸服她的關鍵，也就是換種角度，把她從被勸服的對象轉變為一個訴苦的對象，她的立場一變，思考的角度就變了。」阿傑一邊總結，一邊和我做著同樣的動作，非常搞笑。

「面對險惡的世界，要學會轉換視角……」回味這今夜的幾個故事，我忽然想到一個問題，「從這幾個故事來看，轉換視角似乎都是一種接受現實時的不得已方式。人在無法改變現實的情況下，只能換一種思考方式去發現好的一面，不過，也不能因此而改變險惡的狀況吧？」

「哎呀，怎麼突然提出這麼尖銳的問題？」嘴上雖這麼說，阿傑還是一副悠然自得的樣子，「妳是說，轉換視角不能改變現實的險惡狀況？那麼，下面這個故事正好可以回答妳的質疑。」

三根救命火柴

一九七六年七月，青藏鐵路建設總指揮部專家諮詢組組長、凍土科學家張魯新帶著隊員到青藏高原尺曲河進行地質考察。

這天，張魯新和隊員突然遇到一場暴風雪。十幾分鐘前還萬里無雲的天空，此刻已是天昏地暗。他們急忙避難。

過了一陣子，暴風雪停止了，可是他們卻迷失了方向。黑暗中，張魯新和隊員手牽著手，一步一步摸索著向前走。在一片黑霧中，他們猶如風中塵沙，在漫無邊際地漂移。大家的體力在慢慢消耗，不時有隊員大聲喊叫，希望不遠處有來救援的人。可是，一切都是徒勞的。高原空氣十分稀薄，這讓本來就體力透支的他們呼吸更加困難，喊叫更加重了體能的消耗。最後，大家終於再也喊不動，也走不動。

這時，張魯新讓隊員們暫時停一下，檢查一下攜帶的物品，看是否有用得上的東西。大家把身上的東西都拿出來，一共只有：一包菸，一支手電筒，一個火柴盒，裡面只剩三根火柴。

張魯新見沒有什麼能用的東西，就帶著隊員們繼續行走。走著走著，他突然感覺踩到一個東西。撿起來一看，是個水壺。張魯新心裡一驚——這水壺是之前在避風處喝完水時扔掉的，撿到它，說明大家又回到剛才的避風處了。為避免隊員恐慌，張魯新不動聲色地說：「再這樣走下去也是白白消耗體力，我們還是在這裡等人來救援吧！」於是，大家又在避風處停下來。

不知過去了多久，從天空不時閃過一絲光亮，他們知道黑夜過去，又是一天，熬過了漫長的白晝，又是黑夜的等待……就這樣，兩天過去了，張魯新和隊員們只能抱著一絲希望等待著。大本營的負責人見他們兩天沒回來，知道出事了，急忙組織人員尋找救援。人們頂著夜色，打著火把，在空曠的荒原裡高喊著他們幾人的名字。此時，張魯新和隊員們已經兩天粒米未進、滴水未沾，筋疲力盡，他們聽到了遠處的呼喊，雖然張嘴想回應，卻喊不出聲音。有隊員打開手電筒，希望靠光線引起救援者的注意。可是，手電筒電量不足，微弱的燈光閃了幾下後，就不再亮起。見手電筒沒電了，又有一名隊員好像突然想到了什麼，他用力說道：「對了！火柴！我們還有火柴！」說著就要點燃火柴。

不料，張魯新立即制止了這名隊員。見到這一幕，隊員們不解地望著張魯新，他卻沉默了——他已經沒有多餘的力氣解釋。

又過了六個小時，不遠處再次傳來救援者的喊聲。此時，張魯新示意隊員將那最後的三根火柴一起點燃。黑暗中，那團火焰如同一隻螢火蟲，雖然不耀眼，卻十分醒目。救援者很快發現並救回了他們。

三十年後，談到那次傳奇的經歷時，張魯新說：「那時我們所有人都已經沒有力氣，唯一的希望就只剩那三根火柴。第一次有人要點燃時，我制止了，因為那時救援的人們手裡都拿著火把，在那樣的強烈光源下，他們很可能無法發現微弱的火柴光，而三根火柴根本撐不了多久，一旦用盡就再也無機會。幸好，我們沒有用掉它們，總算保留了最後的希望。我知道，救援的人們沒找到我們，一定還會回來的，那時候，他們手中的火把已經幾乎燒光，在這種情況下，三根火柴的光在黑夜中被看到的機會就大大增加了。事實上，我的猜測是正確的，等到最佳的時機，我們最終才能獲救。」

「這是一個真實的故事嗎？」我聽完阿傑的講述，立即追問。

「沒錯。怎麼樣？這個故事很有說服力吧！在現實的危機中，人們更容易放棄理性思考，按照慣性思維去尋求解決方案，卻往往會因此陷入更大的危機。」這話似乎沒有說完，阿傑卻停下來端起咖啡杯——我猜他一定正在尋找合適的結論。

「也就是應了那句老話：窮則變，變則通。對不對？」我沒有錯過這一次機會，搶著把他沒想到的話說出來。

這次，阿傑乾脆不再反擊，只能瞪了我一眼，喝了一口咖啡。

胖盧奇的音樂課

「今晚差不多了，」阿傑看了一下錶，「最後再送妳一個真實的故事來結束談話吧！」

每到下午第一節課下課後，摩德納市音樂學院聲樂班的學生們，就從北校區拼命地向南校區跑去。

當然，他們這樣做不是為了進行賽跑的訓練。聲樂班每天下午第二節課是由波拉先生——一位著名聲樂大師——親自教授的。聲樂班下午第一節課都是在北校區上，波拉先生的這節課卻安排在南校區最南端的教學大樓。為了近距離與大師接觸，搶到一個好位子自然很重要。所以，每天下午第一節課剛結束，男生們紛紛脫下外套，女生們提起裙子，大家都像火箭般向南校區奔去。

在這群學生裡，有個總是被所有人甩在身後的小胖子。同學們都叫他盧奇，盧奇比一般體型的同齡人胖了整整一圈，平時就總有人嘲笑他。就在大家向南校區衝刺的途中，仍然有調皮的男生一邊在盧奇前面倒著跑，一邊對他做著鬼臉。女生雖沒有這麼露骨的行為，卻也好不到哪裡去，她們從盧奇身邊跑過的時候，往往發出銀鈴般的笑聲。女生們的笑聲平時雖宛如鶯啼般動聽，此時在盧奇聽來卻格外刺耳。面對這一切，盧奇能做的只有一臉無奈地看著他們愈跑愈遠的背影。

後來，為了能搶到好座位，盧奇開始考慮如何才能早點出門。他想到的辦法是：在第一節課上到一半時，就開始收拾書本，然後趴在桌子上養精蓄銳。等到下課鈴聲一響，他就拼盡全力搶在所有人之前跑出門去。

這辦法似乎有點效果。雖然仍有不少跑得快的人跑到了他前面，但搶佔了先機的盧奇還是比許多人更早到達教室。不過，當他跑到教室門口時，遇到了新的問題：在盧奇進入教室的瞬間，身後的同學往往也突然加快速度向門裡衝刺，這樣一來，就和盧奇同時擠向大門，結果常常是幾個人一起卡在了門口。其他同學都比盧奇瘦，最終都能一點點擠進去，而胖胖的盧奇卻往往被擠出門外，好一點的情況也許會擠到門裡——代價是他的臉被擠成了一個扁平的「大柿子」。

就這樣，雖然每天想盡了辦法，盧奇還是很少能搶到好座位。更糟糕的是，由於每次滿腦子想的都是如何能更快速地跑出大門，盧奇根本沒有心思再去聽第一節課的內容。不僅如此，每次跑到南校區的教室時，他都累得上氣不接下氣，搶到的座位位置又往往不好，也沒心情好好聽課。後來，他愈想愈覺得這樣挖空心思去搶座位實在得不償失，若想從根本上解決這個問題，只有減肥才行——可是，就算減肥，短時間內也不可能有什麼效果。想來想去，盧奇覺得自己能搶到好座位基本上是不可能的。

不過，想明白了這一點後，盧奇反而不再煩惱，他想：既然沒辦法搶到第二節課的好座位，那為什麼不靜下心來好好地聽第一節課呢？此後，盧奇再也不去想搶位子的事，他總是等到大家都飛奔而出後，才收拾好東西，慢條斯理地走出教室。一路上，他不疾不徐地走著，一邊回憶上一節課的內容，一邊思考下一節課波拉先生要講的重點，在路上進行複習和預習。

第二節課，由於座位的位置不好，盧奇反而更用心地聆聽。因為在路上做好了預習，他更能有針對性地聽課，反而能更有效率地吸收這一堂課的內容。

五年過去了，當初的小胖子盧奇長成了一個大胖子，走路方式也愈來愈慢，愈來愈穩。不過，再也沒有人對胖子盧奇做鬼臉。因為，他已經靠自己的不懈努力成為音樂學院最出色的學生，波拉老師的課堂上甚至有他的專門座位。

一九七一年，盧奇參加了阿基萊．佩里國際聲樂比賽。賽前，主辦方告訴參賽選手們，首相要來觀看決賽。聽到這個消息，大家都在興奮異常地討論這件事。主辦方的一名負責人卻發現這位胖選手獨自躲在一個角落練習發音。負責人感到很好奇，就問盧奇為什麼不像其他選手那樣興奮。

聽到問題前，盧奇想起了學生時代搶座位的趣事，笑著說：「當然，對這件事我也非常興奮，甚至有點緊張。不過，這始終是未來的事。與其因過度地關注它而分散了精力，不如做好眼前的事。

我相信，我現在所做的一切，將決定未來的結果。」這番話，讓負責人牢牢地記住了這個胖胖的年輕人的名字。

這天晚上，盧奇因演唱《波希米亞人》中魯道夫的詠嘆調，榮獲此次比賽一等獎。從此之後，二十五歲的盧奇踏上了成為國際聲樂大師的道路。今天，他被許多人認為是有史以來最優秀的男高音之一，人們也漸漸地熟悉了這個胖盧奇的全名——盧奇諾・帕瓦羅蒂。

「好勵志的故事喔！」我到最後，幾乎有點想去把帕瓦羅蒂的曲子找來聽，「我喜歡這個故事的講述方式。」

「以這個故事做為今晚的結束是很合適的，」阿傑喝完了最後一杯咖啡，放下杯子，「首先，這是個真實的故事。其次，雖然主角是名人，講的卻是日常小事。日常生活中，我們面對的困境，更多的也許不是突發的災難，而是這種小小的選擇。視角對了，一個個小選擇連起來，也許就會改變命運。」

第二個星期六

「展翅需要痛多久？」

——蘑菇的「心」困境

「怎麼遲到了這麼久?」沒等我坐下，阿傑就開始抱怨，「妳再不來我可就要走了。」

「實在是不好意思，」我連連道歉，「下午遇到一個很久沒見的朋友，聊到忘了時間。」

「是個怎樣的朋友啊?如果是美女，下次可以介紹我認識一下。」

「呵呵，美女就更不能讓你去禍害呀!」我笑道，「不過，她最近又離職了，很煩惱呢!」

「為什麼要說『又』呢?」阿傑似乎發現了感興趣的話題，馬上追問。

「她是我學妹，畢業三年，換了七份工作，」我回想起下午那張不斷訴苦的臉，也開始發愁起來，「現在正在找第八份工作。她呀，總是在過完了試用期的時候，覺得這份工作不像當初想得那樣好，會耽誤了自己的發展前途，所以總是在幹得好好的時候主動辭職。」

「原來如此，她雖然度過了試用期，卻似乎沒能熬過『蘑菇期』呢!」說著，阿傑端起咖啡，引出了今夜的話題。

穿上紅背心

「蘑菇期就是一個人初入職場最初的一段『懷才不遇』的苦悶期。」阿傑繼續剛才的話題，「就算一個人本身素質很好，進入一個新的領域，也要從零開始磨礪自我，這時候，不被委以重任，並不表示不受人關注——這段時期，才是真正意義上的試用期，是對自我的職場適應性和主動性的試煉。」

他衣衫襤褸，家境貧寒，只有高中畢業——他不想永遠只是如此。

他在新竹的建築工地賣體力糊口。無數個夜晚，他翻來覆去思考著出路，希望改變命運。可是，沒有學歷也沒有本錢，除了賣體力，他又能幹嘛呢？

一天，他正在搬磚，看見一個衣著華麗、口叼菸斗的男人朝自己緩步走來。男人站在了他的身旁，說：「你跟我來一下。」

他跟著男人進了一個有空調的辦公室，男人問：「你知道為什麼叫你過來嗎？」

他茫然答道：「不知道。」

男人不急不忙地說：「我是你們的老闆。」

聽到這話，他很激動，覺得出頭的機會來了，就鼓起勇氣問老闆：「我如何努力才能做到像你一樣的成功、有錢？」

老闆說：「回答這個問題前，我先跟你講個故事，你坐下吧！」

他緊張地坐在了老闆對面，老闆吸了口菸，開始講故事：「從前有三個做搬磚工作的男孩，他們都有各自的夢想。第一個人常常在幹活時偷懶，偷懶時，他最喜歡坐在磚頭上一邊吸菸，一邊對另外兩個男孩說『我將來一定會當上老闆的』；第二個人在聽到第一個人的話之後，聯想到自己也曾有夢想，可是現實與夢想太遠，遙不可及。此外，他還非常看不起第一個人的『白日夢』，常常在抱怨著自己現狀的同時，給後者『潑冷水』；第三個人一直都不去理會前兩個人，而是低頭做自己的事，他總是在心裡默默的對自己說『你是最棒的，一定會成為老闆的。』一天，他跑去為自己買了一件鮮紅色的背心，非常的顯眼，穿上背心之後，繼續回來很賣力的埋頭苦幹。」說到這裡，老闆問：「你說他們到底誰會成為一個老闆呢？」

他很聰明，很快明白了這三個人的對比意義，肯定地說：「是第三個人。」但是他又想到了一個細節，反問老闆：「可是我不明白為什麼他要買紅色的背心？」

老闆哈哈大笑，說：「小夥子，你看看窗戶外面幹活的工人。你覺得大家有什麼不同嗎？」他順著老闆的手指的方向看過去，發現大家都在高溫下揮汗如雨，實在沒有什麼不同。他看了一會兒，只得對老闆說：「我沒有看出來有什麼不同。」

老闆說：「沒錯。你看不出來，我也看不出他們之間有什麼不同，在我看來，他們都是我的工人，我無法記得他們每個人的名字，甚至大多數人，我連面孔都沒印象。那麼，到底如何能讓我很快的注意到某個人非常賣力，很有培養前途呢？」

這話讓他終於明白了，大聲回答道：「就像故事裡的第三個人一樣，穿上那件紅色的背心——讓自己容易被注意，才可能會被注意到。」

老闆點點頭，說：「你已經明白啦！那今天的談話到此為止。我知道你很努力，但是我今天不會提拔你。如果你的工頭注意到你，將你推薦到我這裡來，我會給你機會的，你自己好好把握吧！」

他激動不已，連連說道：「謝謝你，老闆，我會努力，我一定會努力的。」

老闆笑了笑，說：「小夥子，你不用謝我，其實，你已經讓自己被我注意到了。你雖然沒穿紅色的衣服，但是你工作確實努力，所有的休息時間裡，你都會坐在陰涼的地方看書。我已經注意你很久了，你沒有抱怨，沒有牢騷，只是埋頭苦幹和看書，我知道你在為未來積蓄力量，你只是需要時間和方法。」聽完老闆的話，他抑制住激動的心情，沒有再多說一句，只是給老闆深深地鞠了一躬，然後就回到了工地繼續幹活。

後來他果然被工頭發現，成了一名監工。再後來，他自修了大學課程，還修到大學學歷，成了那位老闆最得力的助手。有一天，他從老闆的口中得知，故事裡那個穿紅背心的男孩，不是別人，就是老闆自己。

「主角沒有名字呀！」我說，「聽起來好違和。」

「沒名字就對了，一開始誰不是『無名之輩』呢？」阿傑又進入了「裝模作樣」模式，「不努力沒機會，努力了卻不表現，『深藏功與名』，一樣是沒機會的。這裡的機會，不僅是自己獲得的上升機會，也是別人發現自己的機會。」

一句話能否斷送一生

「按照你的意思，如果我那個後輩是一個不僅聰明、努力，還懂得表現自己的『蘑菇』，就應該可以順利度過『蘑菇期』了？」我接著「蘑菇」的話題，繼續問阿傑。

「不一定，」阿傑說，「對『蘑菇』來說，若被注意並受到肯定，或許情況會就此改變；可是，如果獲得的不是肯定，而是一句冷酷無情的徹底否定呢？」

有個女孩很想當一名芭蕾舞演員，於是參加了舞蹈培訓班，平時也把所有業餘時間用來練習。有一次，一個著名的芭蕾舞演出團到女孩居住的城市巡演。女孩無比興奮，在觀看了演出之後，她找到團長，想請他看一段表演，讓他看看自己是否有成為一個優秀芭蕾舞演員的潛質。團長沒有讓她表演，只是看了她一眼，說了三個字：「妳不行。」女孩無比傷心，她想：團長只看了我一眼就知道我不行，看來我不僅成為不了最優秀的芭蕾舞演員，而且根本不適合跳芭蕾舞。

若干年後，放棄了芭蕾舞之夢的少女已經成為一位家庭主婦。一天，當年那個演出團又來到這個城市演出。看著宣傳海報，她回憶起當年的一幕，不禁產生一股衝動。在觀看了演出之後，她再次找團長，問：「您還記得我嗎？很多年前，我曾像這樣在臺下問過您，我是否能當一個芭蕾舞演員。」

團長就像當年一樣仔細看了她幾秒，緩緩答道：「是的，我記得，妳就是那個小姑娘。」這一刻，她如同回到了過去，問了一個深藏在心底多年的問題：「當初您只看了我一眼，為什麼就能判斷出我不行呢？」

萬萬沒想到，團長的回答是這樣的：「我其實並不知道妳的潛質如何——對每個向我問這類問題的人，我都是這樣回答的。」

她再也無法抑制內心的憤怒，大聲罵道：「什麼？你這老混蛋！你知不知道，我的一生都被你的這句話給毀了！」

面對責難，團長沒有生氣，而是繼續緩緩答道：「雖然我不知道妳是否有潛質，但事實證明我沒有說錯——妳不可能成為一名優秀的芭蕾舞演員。如果一個人會因為別人的一句話而改變終生的夢想，那麼她是不可能成功的。」

「這可真是一個悲傷而真實的故事，」這次，我發現了故事的主角仍然是一個「無名者」，「也許，很多有才華的人都是這樣使自己被埋沒的吧！」

「懷抱夢想，堅持不懈，這看似老生常談，能做到的人卻不多，」阿傑繼續說，「英國小說家約翰·克一西在成名前一共收到過七百四十三封退稿信。成功後，每一封信都是向夢想靠近的腳印；可是，如果中途放棄——哪怕少了一封信，少一次嘗試——之前的努力就全部付諸東流，毫無意義。」

「七百四十三封退稿信？如果是我，大概十幾次之後就要放棄了。」和這樣的人相比，我不禁感到自己的職業發展之路有太多幸運的成分了。

「呵呵，這還不是最糟糕的情況。至少，若能堅持到成功，就能證明之前那些對自己的否定是不對的。」阿傑停了一停，說，「可是，如果那些否定是對的呢？」

Margaret 從小想成為醫生。小時候，朋友們都在玩洋娃娃的時候，她卻在擺弄一個完整的人體骨骼模型。這讓多數同年齡的人覺得她是個怪人。Margaret 不在意他人的目光，她把忍耐化成了動力，更加努力去學習關於人體的一切。

當 Margaret 被一所著名醫科大學錄取的時候，她沒有覺得這是幸運，因為她一直在努力，這是自己應得的回報。大學四年裡，Margaret 出色地完成了學業，被破格授予跟隨教授實習的資格，使她可以比其他同學更早開始累積臨床實踐經驗。

如果一切都順利發展下去，Margaret 後來也許會成為一名優秀的醫生。

但是，命運跟她開了一個大大的玩笑。

一次實習手術中，Margaret 在看見鮮血的瞬間暈倒了。這件事對 Margaret 來說有難以接受的涵義——一個醫生竟然怕血，無異於給自己的職業生涯判了死刑。Margaret 不願向命運屈服，她在私底下進行實驗，解剖小動物，然後透過戴著墨鏡來減緩自己看見鮮血時的緊張。但是，就算看不到血液的鮮紅色，只要聞到血腥的味道，她還是會暈倒。

Margaret 徹底的失望了，院長替她破例轉了內科，但是 Margaret 知道，雖然不用再接觸手術，但是很多內科的病人也會帶著血跡，到時候她肯定會再次暈倒。

Margaret 心灰意冷，休學回家。對著骨骼玩偶，她常常一看就是一天。最後，她甚至想要尋短。

一天，父親將 Margaret 叫到了客廳，掛起了一幅世界地圖，圖上還配有許多著名景點的照片。父親指著照片講解：「這是羅馬的鬥獸場，這是羅馬的街道，這是羅馬的古建築。妳看，這些風景很美。」

說到這裡，父親指著一個地方說：「這就是羅馬。那些美麗的風景只能在羅馬才能看到。」說完又指了指他們居住的城市，說：「這是我們所在的地方。正如那句名言所說，通往羅馬的路不只直線的這一條，妳可以從這裡，從那裡，都可以到達。」

父親看到 Margaret 似乎要說什麼，他擺了擺手，示意自己的話還沒有說完：「是的，對妳來說，問題不是道路在哪，而是妳無論怎麼走，都會被擋在羅馬的大門之外。可是，妳看，在這幅地圖上，羅馬只是這麼一個小點，其他地方也有美麗的風景。如果妳到不了羅馬，只要妳沒有停下前進的腳步，也有機會看到它們。」

Margaret 哭了起來——這是她第一次，也是最後一次為夢想而流淚。她知道自己一生都將和醫生之路無緣，但是她還要走下去，找到新的方向。後來，她重新考入了一所大學，畢業後在一家玩具公司任職文職。一次，她偶然發現公司生產的娃娃的身體太僵硬了，於是她運用人體骨骼結構的知識，為娃娃重新設計了一個身體，讓它更加靈活。以此為契機，Margaret 逐漸打開了新的職業之門，後來取得了巨大的成功。

「天啊，」我不禁對阿傑講的故事開始懷疑，它們雖然不一定是真人真事，卻有如此強烈的真實感，「今晚的話題是不是太沉重了？這些故事一個比一個殘酷啊！」

阿傑喝了一口咖啡，慢慢吞下去，然後說：「職業發展之路是人生旅途的一部分，影響了人一生的軌跡，如在石上刻字，當然沉重——尤其是最開始的那一筆。」

再試一次

「為了防止妳誤解，我總結一下，」阿傑見我想提問，突然搶著說，「如何應對『命運的打擊』不是重點，重點是『蘑菇』本身要有抗打擊的韌性，就像孔子教育冉有的那句話『力不足者，中道而廢，今汝劃』。」

「So 古文，講我能聽懂的國語。」我最討厭阿傑的地方有兩個：裝模作樣和引經據典的賣弄學問。

「簡單來說就是要多嘗試呀！少嘗試一次，就相當於把自己的路堵死了一條。」阿傑不引經據典的賣弄學問了，但又開始裝模作樣——用中指頂了一下眼鏡架的中央。

出身貧寒的他到一家電器公司去謀職，人事經理看著面前這個衣著骯髒、身體瘦小的男子，沒有多想，信口說道：「我們暫時不招人，一個月後再來吧！」

那句話本是婉轉拒絕的意思，沒想到一個月後他真的再次來求職。這次，那位經理又換了一個說法來拒絕他：「最近太忙，沒時間面試，過幾天再說吧！」於是，過了幾天他又來了。用各種藉口反覆拒絕了他多次，經理最後只好直接地說出心裡話：「你看一下我們的員工是什麼樣子，再看看你自己──一身髒兮兮的人是進不了我們公司的。」

經過這一番「指點」，他立即回去借錢買了一身整齊的衣服，過了幾天又來求職。人事經理見他如此執著，只好說出最根本的問題：「年輕人，你的態度很好。但是，看你的簡歷，關於電器的知識，你掌握得太少，很遺憾，我們不要這樣沒有專業背景的人。」

離開後，他好幾天沒再來。人事經理想：這固執的年輕人總算知道自己的界限了吧！

沒想到，兩個月後，他再次出現在人事經理面前，他遞上新的自薦信，說：「我已經透過自學，懂了一些電器方面的知識，雖然不能和專業的人相比，但您看我哪方面還有差距，我會不斷去提升。」

人事經理看完自薦信，又盯著這個固執的人看了一會兒，說：「年輕人，論專業知識，你還差得很遠。不過，我進入這一行幾十年，見過很多在專業知識上比你強百倍的人，卻第一次遇到像你這樣有耐心和韌性的求職者。我很佩服你。」

後來，他被破例錄用，雖然是從最基層開始做起，卻最終成為日本電器行業的傳奇人物之一，他就是日本「經營之神」松下幸之助。

「這故事好像在哪裡聽過，」我說，「我懷疑松下幸之助是不是真有這麼一段經歷。」

「妳總是搞錯重點，」阿傑故意加重語氣在「總是」上，「故事真假姑且不論，內涵總是有合理的一面。這個故事就是孔子那句話的注解。能力不足，自然不容易被肯定。然而，能力是可以成長的，如果自我設限，就連成長的機會都沒有了。」

「妳也許會覺得這又是一個難以實行的大道理。舉個日常生活的例子吧！妳知道捷運票和火車票的不同嗎？」阿傑忽然問了一個不相干的問題。

「是用來乘坐的交通工具不同？等等，這不是一個腦筋急轉彎的問題吧！是的話我就猜不到了。」我想，阿傑一定不會讓我猜到答案，還是主動放棄，至少可以阻止他得意地說「No」。

「很簡單的問題，妳都要放棄思考，」阿傑嘆口氣，說，「火車票分各種類型，有坐票、臥鋪票，有的還有『無座』票，也就是『站票』。而捷運票沒有站票和坐票的區別。」

「所以？」

「所以，和火車票一比較，妳不會覺得不公平嗎？各種火車票的價格是不一樣的，而捷運只按照距離收費，不管妳是站著還是坐著。花了同樣的錢，從同樣的站出發，去同樣的目的地，卻經常遇到這種情況：別人坐著，妳卻站著。」

「讓你這樣一說還真是如此。可是，這有什麼辦法呢？」

「是的，這就像職場一樣，許多人從素質上沒有什麼差別，機會卻無法平均分配。能力相近，有的人獲得好的職業發展，有的人在一個不起眼的職位一做就是幾十年——如果妳這樣想，那就是不懂得捷運上的公平。」

「捷運上的公平？你是說給老人和孕婦讓座？」

「No，」阿傑終於抓到機會說出了這個詞，「不需要別人給妳讓座。獲得座位的方法很簡單：從車頭找到車尾，直到找到座位。」

「就這樣？那也不一定能找到啊！而且，誰會在擁擠的車廂裡不斷移動，尋找座位呢？」

「沒錯。正因為大家通常都是這樣想的，所以車廂的擁擠度不均衡，有的車廂人滿為患，有的車廂卻可能還有座位。只要妳做好從第一節車廂走到最後一節車廂的準備，在大多數時候，都有很高的機率找到座位。所以，能不能找到座位，關鍵在於妳是不是把手中的票當成一張『坐票』。換言之，如果妳認為車上一定有一個座位是妳的，妳就不會在上車的那節車廂就近找座位，因此也就大大增加了找到座位的可能。」

一天和一萬小時

「你的『捷運坐票論』很有意思，不過我那位後輩的問題並不在這裡。」我發現阿傑剛才那個故事有點跑題，「她想找一個自己感興趣，而且發展前景好，能做出業績的工作。如果只求高薪或在大企業做，她也不會這麼煩惱了。」

「是這樣？那麼，問題就從『找座』變成『坐穩』了。」阿傑順著我的話轉變了重點。

「坐穩有什麼難？」我問。

「可不見得。尤其是當一個人有這種想法——根據興趣選擇工作。」阿傑搖搖頭。

大學畢業後，Anthony到一家汽車公司做會計。做為一個會計，很少有機會和別人說話，這讓喜歡聊天的Anthony很不自在。每當他對同事講個笑話，引得大家哄堂大笑時，經理總是提醒他：「見鬼了，Anthony，我是請你來工作，不是讓你來影響別人工作的。」

終於，Anthony決定換一份能多說話的工作。大家聽說Anthony辭職了，都覺得很可惜。會計的工作雖然有些乏味，但收入穩定。況且，Anthony的專業只適合當會計，不幹這個，又能做什麼呢？確實，辭職後Anthony一直都沒有找到工作。每當面試官問他的專長時，他並不談會計的事，而是強調自己的專長就是「說話」，很多面試官聽到這個學會計出身的人的回答，就都笑了。

就這樣過了幾個月，Anthony到一家證券公司面試，面試官聽完Anthony的話之後，沒有像其他人一樣嘲笑他，反而認真的問：「你真的喜歡說話？」Anthony點了點頭。

面試官又問：「那麼，你能從早講到晚嗎？」

Anthony笑了，他大聲回答：「沒問題。」

面試官說：「如果是這樣，你就是我要找的人。在你之前，每個來應聘的人都說自己很努力，而且能言善道，但是我一問他們能不能從早講到晚，沒有一個人敢像你一樣肯定地說『能』，更多人的回答是『哦，這我可做不到』或『也許吧！不過我不能說一定可以』。既然你有這樣的自信，那明天就來上班吧！讓我們看看你是不是真的能做到。」

就這樣，Anthony開始了這份「從早講到晚」的工作。公司是按「說話」給錢，業務員每天要打五百通電話才能拿到一天的全勤。雖然這是工作的基本要求，但是除了Anthony，新入職的員工中沒有一個人能做到。原來，從早上六點半開始打，如果平均一通電話大概在三分鐘左右，一直要打到凌晨兩三點。所以，這個「基本要求」不僅要員工從早到晚說個不停，而且必須做到「廢寢忘食」

的地步才能達到。Anthony每天下班回家後，雖然又餓又累，疲憊不堪，卻沒有馬上睡覺，還要煮一大鍋綠豆湯喝——因為他常常講話講到嘴巴流血。

經過了數年艱苦的工作，Anthony成為了華爾街小有名氣的證券經理人，年薪高達數千萬美元。後來，Anthony常給新進的業務員培訓，他上第一堂課的時候，把當年面試官的兩個問題變成三個問題：「你愛這份『說話』的工作嗎？你願意為了這個愛好而廢寢忘食嗎？你能長期堅持從早說到晚，直到嘴巴流血嗎？如果你的回答都是『能』，那麼，有一天你也許會比我更成功。」

「這也太累了，」我非常同情故事的主角Anthony，「一般的工作不會這麼辛苦吧！」

「No，」阿傑馬上說，「妳又搞錯重點了。Anthony有兩個特別之處，是一般的職場人很少具備的。第一，他想把興趣變成工作，為此他甚至放棄了專業知識，進入全新的領域——有多少人能為了愛好放棄專業優勢，讓學生時代的努力白費呢？第二，他想把興趣變成事業，這意味著他必須成功，成為專家，這就更難了。」

「為什麼會更難？」我追問，「興趣不是最好的老師嗎？有興趣，不是更容易做出成績來嗎？等等，我記得好像有句古文是說這個的。」

「是孔子的『知之者不如好之者，好之者不如樂之者』吧！」阿傑笑道，「不過，事實上沒那麼簡單。妳知道『一萬小時定律』嗎？這是葛拉威爾在《異數》中提出的說法，他認為只要專注於一個領域，持續投入一萬小時進行訓練，任何人都可以成為這個領域的世界級水準的專家。如果你沒看過這本書，那至少知道『波爾加實驗』吧！」

「你是說匈牙利心理學家拉斯洛．波爾加將三個女兒培養成國際象棋世界冠軍的那個實驗？」

我總算聽到自己專業領域的東西了，不禁想要重點賣弄一下。

「她們三姐妹都獲得了男子國際象棋特級大師的稱號，而且其中的一個人小時候並不喜歡國際象棋，」狡猾的阿傑沒有給我繼續賣弄的機會，「她們從四、五歲開始接觸國際象棋，分別在七歲、十一歲、十二歲獲得對應年齡組的世界冠軍，期間沒有接受正規教育，全靠這位心理學的父親每天三、四個小時的訓練。這個實驗，不僅驗證了『一萬小時定律』的合理，也說明：興趣未必讓一個人更容易成功，只是讓他有更多的耐心去忍受成功前的一萬小時而已。」

黑帶是什麼

「對更多的人來說，工作的意義或許不是為了成為世界級的專家，而是受到肯定。畢竟，只有被特定的人——比如上司、客戶、導師——肯定，才能真正算是在職業上有所作為。」阿傑端起咖啡杯卻沒有喝，而是繼續說下去，「可是，那些達到了專家級水準的人，就一定能獲得肯定嗎？」

一九五五年由崔泓熙將軍創造的跆拳道是韓國的國技，對學習跆拳道的韓國人來說，獲得跆拳道技術最高級別的黑帶，是一種非常大的榮耀。李奎衍就是其中之一。高中畢業以後，他開始學習跆拳道。經過幾年的艱苦訓練，他在跆拳道界有了一定的知名度，達到了獲得黑帶要求的標準，可以被授予黑帶的榮譽了。根據韓國跆拳道聯合會的規定，黑帶證書必須要由跆拳道界一位德高望重的大師頒發。

隆重的黑帶頒發儀式就在韓國體育館舉行。如果不出什麼意外的話，年僅三十歲的李奎衍將會成為韓國歷史上最年輕的黑帶高手。為他頒發黑帶證書的是金英哲，跪在金英哲面前的李奎衍，臉上充滿了成功者的喜悅。

「在正式授予黑帶證書之前，你要接受一個考驗。」金英哲說。

「我已經準備好了，請大師說吧！」李奎衍非常有自信地回答。此時無論與誰對壘，李奎衍都有必勝的把握。

讓李奎衍沒想到的是，金英哲所說的考驗並不是與他人較量。面對這個志得意滿的年輕人，大師微笑著問：「你覺得黑帶的真正意義是什麼？」

「黑帶是我一生追求的終極目標。」李奎衍馬上答道，這也是他多年練習跆拳道的真實想法。

金英哲並未說話。從他的表情上李奎衍能夠看出，大師對自己的回答並不滿意。金英哲沉默地看著李奎衍，似乎是等著他繼續說下去。可是李奎衍沒有想到更好的答案，也只能沉默地等待大師的表態。片刻後，金英哲略帶遺憾地搖了搖頭：「在我看來，你還不具備獲得黑帶證書的資格，等你明白正確答案之後再來申請吧！」

一年以後，李奎衍又一次申請授予他黑帶。這次，主持儀式的依舊是金英哲大師。大師提出的依舊是一年前的問題。這一次，李奎衍的回答是經過仔細考慮的：「黑帶的真正涵義是跆拳道的最高榮譽，同時是卓越的象徵。」

聽完李奎衍的回答，金英哲的表情沒有什麼變化，似乎與去年一樣在等待李奎衍補充什麼。但等了幾分鐘，李奎衍依舊沒有說什麼。金英哲再次搖了搖頭：「年輕人，一年後再來吧！」
第三年，李奎衍第三次次申請授予黑帶。與前兩次不同的，他的神情明顯變得謙卑許多，已經沒有之前的驕傲神態了。
金英哲再一次問：「黑帶的真正涵義是什麼？」
「黑帶意味著開始，意味著無休止的磨練、奮鬥和追求，意味著更高標準的新起點。」李奎衍說出了透過這一年苦修悟到的答案。
金英哲露出了滿意的笑容：「說得好！現在，你才是一個真正意義上的黑帶擁有者。」

「這個故事的真實性，我依然無法保證，」這次，阿傑不等我開口，就直接「封殺」了我的質疑，「但李奎衍是跆拳道界的世界級大師，卻是公認的事實。今天，還在世的跆拳道黑帶九段大師，全球不超過五人，李奎衍就是其中之一。據說，李奎衍很早就達到黑帶級，他的腰帶因長年佩戴，如今已經褪色，變成『灰帶』了。」
「好厲害呀！難道說，他已經超越了黑道九段？」我問。
「真實的情況是如何，我們這些外行人很難說清。有趣的是，跆拳道以白帶為最初級別，黑帶為最高級別。而李奎衍以黑帶為起點，如今黑帶變『灰帶』，這可真有點爐火純青、返璞歸真的意味了。」阿傑喝了一口咖啡，繼續說，「這個故事對我們剛才的話題提供了一個有趣的思路。通常，一個人以受到他人肯定為目標，卻往往難以達到。而當他受到肯定的時候，如果這份肯定不是因為虛假的表演而獲得，那麼，他真正的能力往往會比實際做出的成就要高，而他的目標，也比獲得的肯定要高出許多。」

「也就是說，目光要長遠，不要只看到眼前的目標。對嗎？」

「妳的總結雖然大方向沒錯，可是還是不夠精準，沒有擊中靶心，」阿傑放下咖啡杯，「與其說要看到遠處的目標，倒不如說看能否有所成長。若無成長，獲得再大的成就，也只能是風光一時，曇花一現。」

水瓶的成長學

「說到成長，又涉及到一個新的問題，」阿傑今晚似乎很餓，除了咖啡，還點了一份蝦球，他叉起一個蝦球，大口咬下去，「那就是……唔。」

「大師，你先吃完再說吧！」我看著他這滑稽的樣子，忍不住笑出來。

「……那就是，懂得找到合適的導師。」阿傑嚥下蝦球，繼續說，「這個問題卻比看起來要難。很多時候，我們會錯誤理解『合適』這個詞。」

一次，我獨自去旅遊。晚上住在一家旅館裡。那天很熱，我翻來覆去都睡不著，就搬個凳子到院子乘涼。離我不遠的一棵樹下，有一位老人也在乘涼。

我坐了一會兒，覺得很無聊，就走過去找老人聊天。走近仔細一看，我才認出他竟然是一位非常有名的教育家，我在念高中的時候還曾聽過他的演講，讀過他寫的書。真是想不到，過了這幾年，竟然能在這家旅館遇到他本人。聊了一會兒，忽然下起雨來，我們就到他的房間裡繼續聊。

我們聊了很多，從身邊的小事開始聊起，直到我最近的煩惱。我向他傾訴：「現在，我正在跟一位非常有名的美術老師學習繪畫。不過，我覺得我的進步實在是太慢了。不知是我資質太差，還是老師不願認真教我呢？」

他並沒有回答我的疑惑，反而問道：「如果他明天就把所有知識都教你，你能全部都學會嗎？」

我從沒有這樣去想過這個問題，一時不知道該怎麼回答。

見我沒有回答，老人從桌子下拿出一大一小兩個空瓶子。他將大瓶裝滿水，放到空的小瓶子旁邊，問我：「你覺得，大瓶子裡的水能不能都倒進小瓶子裡？」

我搖搖頭。這根本不用多想，容量有差別，大瓶子裡的水自然不可能都倒進小瓶子中。

「如果把你比作這小瓶子，你的年齡、對於美術的知識積澱、吸收新知識的能力，決定了你的容量。而那位老師就像這大瓶子，他自己雖然裝滿了，卻沒辦法把水都灌給你——即使都灌輸給你，對你來說也是有極限的，超過極限容量，便無法再多加一滴水。但是，你不用擔心，隨著時間的推移、知識的累積、水準的提高，你的容量就會逐漸變大，甚至以後還可能會超越你的老師。那個時候，你就能夠將老師傳授給你的所有知識都學會了，或許你會青出於藍而勝於藍也說不定。」老人拿著小瓶子，緩緩說著。

他的話給了我很多啟發。此後，我不再像過去那麼著急，而是學會去打好自己的基礎，一步一步地累積自己的能力，提升自己的水準。超出我想像的是，我的進步似乎比過去快了很多。但是，不久之後，我覺得逐漸遇到了瓶頸，不再進步了。想起了那位教育學家的話，我找到了他留給我的地址，找到了他。

聽過我的話後，老人又拿出了容積不同的兩個瓶子。與之前不同的是，這次他是往小瓶子裡倒水，放到空的大瓶子旁邊。之後，他問：「你覺得，小瓶子裡的水能把大瓶子裝滿嗎？」

我看了看兩個瓶子的大小差別，說：「當然不能，小瓶子連大瓶子容積的一半都不到。」

老人語重心長地說：「當你變成了大瓶子，與你相比，你的老師則變成了小瓶。現在，即使他傾囊相授，恐怕你也學不到太多東西了。」

我疑惑地看著他，問：「那我要怎樣才能提升呢？」

此時，老人又拿出兩個小瓶子，都裝滿水，放在大瓶子旁邊，問：「現在，這三個小瓶子的水，能把大瓶子裝滿嗎？」

我恍然道：「您是說，不要只跟隨一位老師，而要向多人學習，採眾家之長？」

老人點點頭，說：「沒錯，其實，你現在是大瓶子，就不用侷限在單一瓶子的陰影下。以眾人為師，不斷汲取『水分』吧！」

談完之後，我向老人道謝告別。臨走時，他又拿出一個空瓶子，底部有許多洞，說：「帶著這瓶子吧！也許，你還會遇到無法提升自己的問題。那時候，如果你沒有時間，不用特意來拜訪我。你看看這個瓶子，就會想起今天我對你說的最後一句話：如果你想永不停步，一直成長，就不能讓自己被『裝滿』。」

「有意思，」我見阿傑吃得那麼香，也點了一份蝦球，「這個故事讓我想起一句話——一瓶不響，半瓶晃盪。」

「這個聯想非常切題，」阿傑放下叉子，端起咖啡杯，「正因為我們常常只會去衡量別人有多少『水』，卻很少會想到自己有多大的『瓶』，所以，遇到一個很厲害的導師，你未必能獲得很大提升，而向一個比你水準高不太多的人學習，反而會更有收穫。既能看到老師的『水』，又能看到自己的『瓶』，才更容易擴大自己的『水瓶』。」

鴿子能勝過鷹嗎？

「成長是一件長期的事，對初在『蘑菇期』的人來說，最頭痛的問題，往往不是如何提升自己，而是遇到客觀環境造成的困境，無法突破。」說到這裡，阿傑的目光游離了，似乎陷入了對某件事的回憶之中。

我沒有打斷，可是他卻陷入了沉默。過了一會兒，他彷彿剛剛從夢中醒來一樣，不好意思地看了我一眼，說：「剛才想起了自己初入職場的那一年發生的事，不過，我不準備講出來。」

他這樣講，反而提起了我的興趣：「為什麼不講呢？」

「妳忘了我們上次一開始說的話嗎？」阿傑完全恢復了精神，笑著說，「我講故事，通常是不會帶入自己個人情緒的，以免陷入其中，發生不良的『反轉移』。自己的心都亂了，又如何為別人『理心』呢？還是繼續剛才的話題吧！有時候，初入職場的人，沒有經驗，沒有人脈，沒有任何資源優勢，卻往往要面對在這些方面比自己更強的人的競爭。這樣的情況，就如同以一敵百的戰鬥，一開始就非常不利，可是如果不能取勝，就無法做出成績，會被無情淘汰——就像自然界的生存競爭一樣。」

鷹是一種猛禽，擁有鋼鉤般的喙和利爪，牠行動迅速，既是天空的霸者，同時也威懾著大地，弱小的動物一旦被牠盯上，都難逃被獵殺的命運。

鴿子是一種被人類豢養的鳥類，性情溫和，乖巧玲瓏，被當成和平的象徵。

弱肉強食是自然界的法則，假如鴿子遇上了老鷹，是否只能任牠宰割?不一定。這要看這兩者是否能充分發揮自己的優勢。

鷹的視覺敏銳，牠之所以要比一般的鳥類飛得高，就是要將這種優勢發揮到極致，獲得廣闊的視角優勢，從而在高空飛翔時以敏銳的鷹眼快速搜索到下方的獵物。當下方出現鴿子的身影時，鷹就會突然加速俯衝下來。鷹在俯衝而下時，時速可達兩百九十七公里，一般的鳥類即使發覺了鷹的靠近，也沒有那麼快的加速度，能逃掉鷹的「奪命追捕」。

不過，鴿子並不是一種普通的鳥。在周圍沒有物體阻擋視線時，鴿子能在飛行的過程中不斷觀察周圍的動靜，如同雷達一樣「搜索敵情」，所以，牠能很早就發覺鷹的動向。但牠不會馬上做出閃避動作，而是裝作沒發覺鷹的樣子，繼續飛行。當鷹快衝到眼前時，鴿子突然以一個高難度的動作——「鴿子翻身」來躲開鷹的「閃電突擊」。

第一次「閃電戰」的突襲失敗之後，鷹往往不肯放棄，繼續追趕鴿子。於是，兩者在同一高度展開追逐賽。這次，鷹完全失去了居高臨下的優勢。在水平方向飛行時，鴿子和鷹的速度差不多，都是時速一百二十五公里左右，但鷹體重大，在耐力方面遠不如鴿子，打不起「持久戰」。所以，追逐通常維持不到兩分鐘，鷹就不得不放棄這次捕獵，而鴿子則成為這場生死博弈的最終贏家。

這麼說來，鷹就不可能吃到鴿子了嗎？答案還是不一定。只要換個地方做為「戰場」，結局就會大不相同。

對鷹來說，要戰勝鴿子，最佳的戰場是山谷或森林。鴿子在山谷中或樹林中飛行時，為了避開障礙物，注意力集中於正前方。這樣一來，不僅警覺範圍隨之變窄，身後形成了約四十五度的盲區，而且飛行速度也比開闊地帶慢。在這種情況下，鷹無論從鴿子的上方俯衝或者是從後方追擊，都變得容易了許多，成功率自然也就提升不少。不過，一旦聰明的鴿子發現了鷹的動向之後快速升到高空，或在很短的時間內飛離山谷、叢林，到達開闊地區，局面又會瞬間改變。

「這不算是故事，只是一種自然現象。」阿傑繼續分析，「不過，自然界也需要換種角度去看，才能看到真相。鷹是肉食猛禽，會捕食鴿子之類的弱小動物。這看似不平等的較量，對捕食者和被捕食者來說，風險卻是一樣的。如果鷹抓不到鴿子——或者任何動物——牠就會餓死，如果鴿子被鷹抓到，牠就會被吃掉。自然賦予牠們各自的特長和優勢的戰場，只要在優勢戰場充分發揮特長就能生存，成為勝利者。」

「所以，發現自己的特長和優勢戰場，就有以弱勝強的可能，對嗎？」我順著阿傑的話總結道。

「沒錯。打開思路，才能尋找出路。離開對手的戰場，把對手引到自己的領域，就有機會改寫勝利的條件。」阿傑點頭道。

蝴蝶效應VS墨菲法則

「有句廣告語叫『沒有最好，只有更好』，」阿傑又突然用一句不相干的話引出話題（看來他非常喜歡這樣講話），「可是，現實總是如墨菲法則所說，如果你能想到糟糕結局的可能，那麼也許它就會發生，真是『沒有最壞，只有更壞』。」

「你是不是要說，改變視角就能避免壞結局的發生？」我問。

「如果這樣說，就和成功學沒有區別了。實際上，妳能想到的壞事，對妳的傷害往往不是最大的。最壞的情況是在妳來不及看清的時候，不幸就從背後襲來，讓妳瞬間陷入絕境。」阿傑搖搖頭，繼續說，「好在世上還有『蝴蝶效應』這種東西，一件事發生之後，會引起各式各樣令人無法預料的變化產生。那麼，需要人們換角度思考的就是：陷入絕境之後，有沒有比之前更好的變化產生。」

十歲的Kenny在一次車禍中失去了左臂。在此之前，他就一直想學習柔道，失去左臂的遭遇也沒有改變他對柔道的憧憬。

幾年後，Kenny 在好心人的幫助介紹之下，拜一位柔道大師為師，開始學習柔道。他學得非常努力，可是幾個月過去，除了一些基本動作和基礎訓練，師父卻只教他一個實戰技巧。這招非常難學，但因為 Kenny 幾乎把大部分訓練時間都花在這招上面，所以也逐漸掌握了。奇怪的是，大師似乎仍然沒有教他新東西的打算。

一天，Kenny 終於忍不住問大師：「老師，你教的那招，我已經可以運用自如了。我是不是應該開始學習新的技術？」

大師答道：「對你來說，只要能用好這一招就已經足夠了。」

Kenny 還是不能理解大師這話的涵義，不過，老師是一位道高望重的大師，他的話是不會有錯的。此後，Kenny 不再多想，每天繼續反覆練習這一招。

又過了幾個月，大師帶 Kenny 去參加一次重大的比賽。Kenny 對自己的實力沒有信心，畢竟他只會一招，而且又少一隻手，怎麼能對抗那些技術全面的對手呢？大師說：「不用多想，你只要小心防守，看準機會用那招就行。」

結果令 Kenny 非常驚訝，他不知是自己太幸運還是大師能夠預測對手，前幾輪比賽中，對手看起來實力都不差，卻無一人能化解 Kenny 的絕招攻勢，一一敗北。Kenny 成為此次比賽的黑馬選手，一路順利晉級，進入決賽。

決賽時，Kenny 遇到一個身體強壯、技術全面、經驗豐富的強勁對手，事實上，他正是上屆比賽的冠軍。比賽剛開始，對方就頻頻發動進攻，Kenny 只能單方面被壓制，毫無還手之力，眼看就要招架不住。裁判看到雙方力量實在太懸殊，怕有殘疾的 Kenny 受重傷，就叫了暫停，問 Kenny 是否要放棄終止比賽。Kenny 沒有回答，雖然有些不甘，但能夠打到決賽，他覺得已經沒有浪費這一年的努力。可是，大師用肯定的語氣對 Kenny 說：「別放棄。他已經消耗了太多體力，你只要再堅持一會兒，一定會有反擊的機會。那時，他一定不能防住你那招。」聽到大師這樣一說，Kenny 又恢復了鬥志，他決定將勝利的希望賭在自己一年裡苦練的那一招上。

比賽繼續進行，恢復鬥志的 Kenny 讓對手有些心急，他加快了進攻的節奏，卻也讓自己的體力消耗更快。終於，身體的疲憊和心理的焦慮讓他的腳步有些不穩。Kenny 沒有看漏這一機會，他突然轉守為攻，以迅雷不及掩耳之勢使出了那唯一的絕招，對手倒地，Kenny 獲得了冠軍。

在回去的路上，Kenny 非常開心，可是他始終不明白：難道真是自己的運氣太好，只靠一招就擊敗了所有強敵？如果這招這麼厲害，為什麼不見其他人使用呢？他終於忍不住向大師詢問：「老師，這一招到底有什麼奧秘，為什麼能贏那麼多的高手呢？」

大師笑了笑，說：「這招是柔道中最難的技巧之一，與一般技巧相比，需花費數倍時間才能掌握。而對一般練習者來說，花費這麼多時間去練這一招是毫無意義的。」

「這又是為什麼？」Kenny 更奇怪了，這招明明很厲害，自己能靠它獲勝就是最好的證明，為什麼大家會不願練呢？

「因為，要破解這招非常簡單。沒有人會花一年的時間去練一個被人如此簡單就破解的技巧。」說著，大師輕輕拍了拍 Kenny 的左肩，「這招的破解之法——也是唯一的破解之法——就是抓住出招者的左臂。」

「這也太有戲劇性了。」我說，「有重大缺陷的技巧和失去左臂的 Kenny 結合，就變成完美無缺的組合——怎麼會有這麼巧的事呢？」

阿傑放下咖啡杯：「是的，因禍得福的事情雖然有，但都是事先難以預料的。如果不是遇到這位師父，按照一般的方法訓練，男孩就算苦練數年也難有所成。不過重點不在這裡——」

「重點是，處於絕境之中的人，只要轉變視角，就可能發現新的生機，對嗎？」我又忍不住打斷了阿傑。

「我可以很負責地告訴妳，做為一個心理諮商師，妳非常欠缺耐心傾聽的能力。」

看來，阿傑很不滿——對此我很欣慰。

射手的心之眼

「對陷入困境甚至絕境的人來說，依靠『蝴蝶效應』去對抗『墨菲法則』，也許不是那麼容易行得通，」阿傑話鋒一轉，「有一部電影就叫《蝴蝶效應》，妳看過嗎？」

「我看過。男主角不斷回到過去，想透過改變過去來影響現在，讓每個人都能擺脫不幸。可是他每次解決一個問題，就會引發另一個想不到的問題。」我回憶著電影的內容，回答道。

「所以說，獨臂的柔道冠軍是一種『理想模型』，現實中很難在不利的遭遇中找到新的優勢。」阿傑點點頭，看來我對電影的回憶沒有錯，「下面這個故事，是一個現實中的冠軍，他遇到了獨臂的 Kenny 類似的不幸，卻有著完全不同的應對方法。」

如果對職業生涯最重要的一種能力被剝奪，這可以說是命運跟一個人開的玩笑中最壞的一種。但是，也有人因此而被人們記住，比如逐漸失去聽力，卻在失去聽力之後寫出《第九交響曲》的貝多芬。如果你認為貝多芬這樣的天才在人類歷史上是非常罕見的，那麼，你一定不知道還有一個人有著與貝多芬類似的命運。他是一位射擊運動員，卻逐漸失去了視力。然而，他非但箭術超群，還是一位奧運會射箭冠軍。他就是韓國神射手林東賢。

林東賢並不是天生的盲人，他小時候視力非常好。他從九歲開始練習射箭，一直是同年齡運動員中的佼佼者。但是，從十六歲開始，他的視力就不斷下降，最初只是看東西有些模糊，後來他只能看清六米之內東西，雙眼視力都只有〇．一。雖然幾乎變成了一個盲人，林東賢仍不想離開自己熱愛的射箭運動。當別人問他為什麼不放棄時，他只有一句簡單的回答：「因為我想射箭。」就這樣，雖然只能勉強看到箭靶的位置，完全看不到靶上的環，林東賢仍然繼續射箭。慢慢的，他發現能分辨出靶子在什麼位置，對他來說已經足夠了。至於靶心在哪，他即使閉上眼睛也能感覺出來——透過長期的練習，林東賢彷彿有了比雙眼更加敏銳的「心之眼」。

後來，林東賢入選了國家隊，準備參加二〇〇八年北京奧運會。臨出發之前，林東賢的弓竟然斷了，這讓大家覺得很不吉利。因為射箭運動本來就有心理的成分在裡面，出現這樣的事情，通常很容易影響選手的發揮。

但是，林東賢笑著對教練和隊友們說「沒關係」。他解釋說，在視覺集中的情況下，心理會非常容易受視線內事物干擾而產生動搖，而心理的動搖對技術的發揮又往往產生巨大影響——這對他這個不怎麼靠眼睛射箭的人來說根本不算問題。大家一聽這話，覺得真的是這麼回事。在比賽場上，林東賢以實力證明了自己的話，在關鍵時刻，他連續三次的十環，一舉將韓國隊送上了冠軍的領獎臺。

「這個林東賢我知道，」我一聽完，忍不住馬上發表看法，「他是一九八六年生人，很年輕。聽你這麼一說，還真是個天才呢！」

「天才這個詞，其實對大多數天才都是一種貶低的稱呼。」阿傑冷冷地說道，那表情似乎在說：妳又搞錯了重點。

「所謂天才，其實是某些人靠常人難以堅持的長期訓練，再加上合適的表現機會，最後被人們認可並崇拜之後貼上的標籤，」阿傑繼續說，「林東賢這種情況更是如此。沒錯，和一般人相比，他有射箭的天賦；可是，和其他弓箭運動員相比，他卻有視力上的『絕對』差距。在所謂天才的眼中，通常沒有第二條路可走：有路的時候，就一直走下去，沒有路的時候，就一路跋山涉水，攀登過去，直達頂峰。人們通常看不到天才的軌跡，以為他們有命運的眷顧，其實是因為這些路在一般人眼中根本不存在。」

長壽的店

「有句話叫『不想當將軍的士兵不是好士兵』，妳聽過吧？」阿傑問。

「當然聽過啦！不過，我一直以為這句話不太對。」我總算找到了一個可以反駁他的機會，「術業有專攻，每個人擅長的事情不一樣，為什麼一個好的士兵就一定要以當將軍為目標呢？」

「說得好。據說，這句話出自拿破崙。其實，如果每個士兵都想當將軍，甚至都想當拿破崙，那麼這個傲慢的法蘭西皇帝就會像黃袍加身的趙匡胤一樣睡不好覺了。」阿傑又開始不動聲色地賣弄起知識來，「不過，對剛入職場的『蘑菇』們來說，這句話是很有用的。只有能想像到自己在這個領域的長期願景，才能更容易看到自己現在缺乏的東西是什麼。」

Steven做生意接連失敗，一次又一次的挫折讓他備感疲倦。他決定去向一位著名的企業家求教，詢問成功的秘訣。這位企業家是一位年逾九旬的老人。老人並沒有直接回答他的問題，而是說：「我好多年不管商界的事情了，現在我只想和你聊聊你長壽之道。」

Steven 心想：我要問的是生意的事，談長壽之道有什麼用？

老人沒有在意 Steven 充滿疑惑的目光，他繼續說：「我研究長壽之道多年，不僅瞭解人的長壽之道，因為我喜歡吃拉麵，所以對拉麵館的長壽之道也頗有心得呢！」

Steven 不禁啞然失笑：拉麵館的長壽之道？那是什麼？

老人沒有繼續講下去，而是忽然問 Steven：「如果在街邊開一家拉麵館，你要怎樣做才能讓這家拉麵館『活』一年呢？」

聽到這話，Steven 才猛然發覺老人其實就是在說企業經營的事，於是，他興趣來了，回答說：「請幾個水準高的師傅，能夠做出好吃的拉麵應該就可以了吧！」

老人點了點頭，說：「你說得很對，拉麵做得好吃，能吸引顧客，也就能賺到錢，自然就能撐上一年。所以說，如果想拉麵館『活』一年，就需要和拉麵搞好關係。」Steven 聽完也點點頭。

老人又問：「那麼，怎樣才能讓拉麵館『活』五年？」

Steven 愣了一下，說：「拉麵做得好吃，做出品牌來，不就可以長期經營下去了嗎？」

老人搖頭道：「當然不夠。第一年，你只需要做好拉麵就可以。但是你的生意好了，別人也會來做拉麵，這樣就會競爭。因此，如果想要拉麵館再『活』五年，你還要能夠與競爭對手搞好關係，建立行業標準，爭取合作共贏，避免惡性競爭。」

Steven 聽了老人的話之後，似乎有所悟。

老人提出第三個問題：「那怎麼讓拉麵店『活』十年呢？」

Steven 愣住了，他實在想不到十年和五年有什麼差別。

老人笑了笑，說：「如果拉麵館『活』到第十年，生意愈做愈興隆，不僅你一家在做拉麵，還有別家在做，附近因此而成為『拉麵街』而聞名，聚集了人氣，產生了更多商機，地價也就隨之上漲。這時，你的房東就會考慮：要嘛收回店面，借用你在這個地段造成的影響力來自己做拉麵；要嘛提高房租，因為你是這條街人氣的核心，所以房租一定會訂到最高，這樣，你的成本就比競爭對手的高出許多。如果你提高售價，抬高拉麵的市場價格，競爭對手的收益也會比你更高；如果你不提高售價，很可能因成本過高而導致收益下降，陷入經營危機。因此，想要拉麵館『活』過第十年，你就要和房東搞好關係。」

這番話讓 Steven 聽得目瞪口呆。就在他還在反覆咀嚼老人的分析時，老人又提出了最後一個問題：「那怎樣才能讓拉麵館『活』五十年呢？」

十年到五十年？搞好了各種關係之後，還有什麼是欠缺的呢？Steven 百思不得其解，只能再次茫然看著老人。

老人盯著 Steven 的臉，說出了最後的答案：「如果想要一家拉麵店真正『長壽』，堅持五十年以上，你就需要搞好與自己之間的關係。你看，你才三十多歲，面容看起來卻像六十歲的老人一樣憔悴不堪。縱使你費勁心力，解決了各種問題，讓企業步入正軌，可是企業的發展需要的時間很長，你的身體能跟得上企業發展的腳步嗎？以你現在的身體能夠與你的公司一起再活五十年嗎？年輕人，身體才是工作的本錢啊！只要身體還能再堅持五十年，即使現在你的公司死了，你也有足夠的時間讓它重拾生機。」

「老人的『拉麵館長壽哲學』不僅適用於 Steven 這樣的創業者，也適用於所有『蘑菇』們，」阿傑放下空的咖啡杯，說道，「如果只想在一個職位上做很短的時間，只要做好本職工作就可以，可是這樣下去，做多少年都只是一個職場小兵。如果妳那位後輩有一點事業上的企圖心，那麼，我的建議是：抽空反思一下，是不是和工作之外的某些關係沒有搞好呢？」

第三個星期六

「如果能預知，我會比現在更好嗎？」

——未來的「心」智慧

「現在，你的食指已經被吸引在一起了。」隨著我的話，阿傑兩眼無神，雙掌相對，左右手的食指靠在了一起。

我正在對他進行催眠。今晚的話題還沒開始，阿傑就突然問我：「妳這個心理諮商師，一定懂得催眠吧！」還沒等我回答，他又得意地說：「可是不管妳做什麼，都是無法催眠我的。」

結果，就是現在這個滑稽的場面，我不顧旁人奇怪的目光，在這間咖啡館裡開始催眠這個「理心大師」。

「好，現在看著我。」我忍住笑，對他說，「是誰剛才信心滿滿地說不會被催眠的呢？」

「唉，看來妳還是不懂我的苦心，」阿傑不知為什麼又開始得意起來，「我是『故意』被妳催眠的。俗話說，聰明難，糊塗更難。如果我沒有故意配合，怎麼可能被妳催眠呢？」

「你這又是什麼理論啊？」我覺得阿傑的話實在難以理解。

「從那句『你的食指間互相吸引』開始，我就明白這個催眠的結果是食指靠在一起了。而妳的第一句話『兩眼注視著雙手之間』就是讓我進入催眠狀態的前提條件，只要我及時把視線移開，就會解除狀態。可是，我裝作不知道這些，讓妳成功催眠。」

好吧！我不得不承認自己真的被阿傑不知所以的陰謀給打敗了。

「順便一提，我這麼做還有個理由，就是引出今夜的主題：很多時候，知道得多，並不一定是好事。」

從未來回來的商人

「在這個瞬息萬變的時代，想要獲得成功，看起來機會比過去更多，卻也更加難以捉摸。」阿傑繼續解釋今晚的主題，「尤其對受教育時間很長的高學歷的人來說，知識似乎能為他們帶來更多機會。可是，知識始終是一種歷史，是來自過去的東西。而機會，正好相反，是未來的成功投射到現在的影子。」

Edward、Tom、Andy 三個夥伴一起出門尋找賺錢的機會。他們來到一個小鎮，發現有一種當地特有的水果，不僅味道好吃，而且賣相也非常好。由於這個小鎮處於山區，交通不便，水果都是本地人購買，所以價格相當便宜。

這種水果讓三人眼前一亮，他們都意識到這是一個商機。不過，接下來他們的做法卻有所不同。Edward 是一個在投資上非常有魄力的人，他拿出當時身上所有的錢，購買了一批當地最好的水果，之後運回自己家鄉，以三倍的價格售出，這些美味的水果很快搶購一空。Edward 也成了三人中第一個富裕起來的人。

與 Edward 相比，Tom 有更加成熟的經營理念。他只用自己身上一半的錢購買了水果樹苗，回到家鄉後，他用剩下的一部分錢買了一座荒山，將果樹苗栽種下去，精心培育。三年中，他用心打理果園，沒有賺到一分錢。

Andy 比他的兩個夥伴都年輕，但對科學技術的熱情是最高的。他找到了當地一位果園的主人，說要買一些泥土。主人不明白：Andy 不買水果，買土有什麼用呢？就這樣，Andy 只用了十美元買走了一把泥土。回到家鄉以後，他把泥土送到研究機構化驗，分析出泥土的成分。隨後，Andy 和 Tom 一樣買了一座荒山，卻沒有馬上種樹，而是用三年的時間去開墾荒地、改變土質，終於培育出與那把泥土具有相近成分的土壤。最後，他也種下了樹苗。當然，這三年間，Andy 也沒有從中獲得任何收益。

十年過去了，這三個好友分別走在了截然不同的道路上。

Edward 在賺到生命中的第一桶金之後，不斷往返山區和家鄉，繼續賣水果，藉差價獲取利潤。不過，愈來愈多的人意識到了這個商機，紛紛和 Edward 走上了相同的財富之路。選擇賣這種水果的人愈來愈多，導致水果的價格大幅下降，Edward 的利潤不斷下降，有時跑一趟還要倒賠一些錢。

Tom 的果園已經可以產出足夠量的水果供他銷售。雖然與那個山區果園的水果相比，Tom 果園的水果在口味上似乎總有些不及，但比起 Edward 那種需要長途運輸的水果來說，Tom 牌水果的成本低，售價也便宜得多。因此，雖然經營果園也需要一筆不小的成本支出，Tom 依舊能依靠薄利多銷的方式獲得穩定的利潤增長。

同樣是經營果園，Andy 的果園售出的水果與山區水果的品質差不多，售價在 Edward 和 Tom 的水果之間，成本卻和 Tom 的水果一樣低，可謂是物美價廉，幾乎佔據了這種水果在當地一半的市場銷售額，成為了業界第一的大集團。

「這個故事，表面上似乎是說長線投資優於短線投資，可是，無論哪種投資，都存在風險。」阿傑總結道，「從結果來講，似乎是 Andy 的長線投資更好，可是前期不斷的投入，在風險上比短線的 Edward 要大得多。」

「可是，事實證明 Andy 更成功，難道不是說明看得愈遠，走得愈遠嗎？」我有點搞不清阿傑的意思了。

「我們知道了結局才能這麼說。投資的第三年，對 Andy 來說是非常難熬的，如果有其他人和他採用了相同的做法，未來失敗的風險會更大。這就是為什麼這個故事看似容易理解，實際上很少有人能像 Andy 這樣做。在面對未來的時候，人們缺少的不僅是長遠眼光，還有堅定的信心。」說完這段話，阿傑想了想，笑著補充道，「所以，把這個故事當成現實寓言的人都想錯了，其實這是個科幻故事——Andy 是從未來回來的商人。」

一個捕鼠器引發的慘案

「我還是不懂你的意思，」我問，「你說的信心，難道不是和對未來的瞭解程度有關嗎？如果知道了未來，不就有足夠的信心，不再迷茫了嗎？」

「問得好，這也正是我準備說的。『未來』這種東西，本質上，對『現在』的我們來說，無論多麼符合邏輯的因果關係，也只是一種可能性。這意味著它『不唯一』，除了一種已經被人們看到的結果，還有其他沒有被看到的結果。」

一隻正在覓食的老鼠透過牆壁的洞進入了一個農夫的家中。牠看見農夫和他的妻子正在打開一個包裹，心想：這會不會是美味的食物呢？

於是，老鼠在角落裡駐足觀望，仔細看了一會兒，牠發現包裹裡面裝著的不是美食，竟是一個捕鼠器！老鼠嚇壞了，牠想：還好被我看見了，不然就死定了呀！

這是一隻非常善良、有公德心的老鼠，牠沒有馬上逃跑，而是跑到庭院裡，向農夫家的動物們報告這個危險資訊：「大家注意啦，農夫的家裡有一個捕鼠器。」

農夫家的動物有一隻母雞、一頭母豬、一頭乳牛。牠們聽到老鼠的警告，紛紛聚攏過來，表達自己的看法。

母雞「咯咯」笑起來，牠如同一個貴婦人一般說道：「非常感謝你的好心，老鼠先生。不過，捕鼠器對你來說也許是墳墓，對我卻沒有任何危險，不必為我擔心。」

母豬對母雞幸災樂禍的態度很不滿，認為牠太沒有同情心了。牠輕蔑地看了母雞一眼，同情地對老鼠說：「善良的老鼠先生，我感到非常遺憾，但是我對此無能無力，我一定會為你祈禱的。」

乳牛聽完了大家的話，沉思了一會兒。牠沒有表態的原因，是不知道「捕鼠器」是什麼東西。最後，牠小心翼翼地向老鼠請教：「尊敬的老鼠先生，請原諒我書讀得不多。請問『捕鼠器』是什麼呢？會給我帶來什麼危險嗎？」老鼠向乳牛解釋之後，乳牛恍然大悟道：「是這樣啊，那麼，這和我們根本沒有關係呀！您還是要自己小心呀！」

看到大家都不接受自己的好心警告，老鼠覺得很受傷，牠只能連夜離開，去其他地方覓食。

當天晚上，在大家都進入夢鄉之後，農夫的家中響起一個聲音。農夫聽到後，知道這是捕鼠器夾子的響聲，就讓妻子起來查看是不是捕到了老鼠。當然，老鼠早已逃之夭夭，這不是老鼠，而是一路追蹤老鼠的氣味而來的一條毒蛇。

黑暗中，農夫的妻子沒看清捕鼠器上的蛇，她想走近看，結果被毒蛇咬傷。

農夫連夜請來醫生，情況卻沒有好轉，農夫的妻子開始發燒。

見妻子高燒不退，農夫很著急，他想起以前曾聽人說，雞湯可以退燒，於是，他提著刀走到庭院裡，殺了那隻母雞，煮湯給妻子喝。

喝下雞湯之後，妻子病情仍沒有好轉。第二天，農夫的朋友、鄰居聽聞這件事，都紛紛來探望，幫忙照顧病人。農夫很感激，為了招待客人，他又宰了母豬。

最後，農夫的妻子病情惡化，不幸去世。許多人前來參加葬禮，貧窮的農夫買不起足夠的肉來招待客人，家裡只剩下那頭乳牛，農夫無可奈何，只能把乳牛做了食材。

「這就叫『城門失火，殃及池魚』吧！」我笑著說。

「對，這個故事就是『城門失火』的加強版。城門失火和農夫買捕鼠器，是未來的一種信號，比較容易看的結果，是城門被毀、老鼠被捕——一般情況下，這是未來給現在的投影中最明顯的一種。池魚、母雞、母豬、乳牛瞭解到這一資訊，讀懂了最可能發生的未來，卻忽略了其他可能。牠們不明白，未來並非一個點，而是一張網。池魚的情況其實還是比較理想化的，現實中更容易遇到的反而是這個故事中的狀況：最符合邏輯的發生未來因『偶然』而改變。再進一步解讀這個故事，不難發現，未來被改變，正是從『老鼠看到捕鼠器』開始的——正因為最可能變成現實的未來被預測到了，所以它反而沒有發生。」一口氣分析完，阿傑喝了一口咖啡，補充道，「簡單來說，未來因為『被看到』而改變，再次變得無法預測。」

智者與先知

「這麼說，在生活中對未來進行預測都是徒勞的呀！」我想起了上次談到的「蝴蝶效應」，說，「照你的說法，人們豈不是只能全憑運氣做事？」

「呵呵，未知是必然存在的，但這並不是說沒有希望，沒有改善現狀的可能。」說完，阿傑又換了一個話題，問道，「從心理學角度，妳應該不承認有『預知夢』吧！可是，如果真的有人能預知，能夠看到『絕對』的未來，那麼，這會是一件好事嗎？」

有一個村莊，雖然看起來和其他村莊沒什麼不同，村裡的人卻稱呼這個村為「奇蹟村」，這是因為村子裡有一位能夠預知未來的先知。人們非常尊重先知，經常向他詢問自己的未來，請先知告訴自己做了某些事情會有怎樣的結果。很多人拜先知為師，學習預知未來的能力。

一天，一位有名的智者路過村莊。有的村民對智者的名氣不服氣，他們質問智者：「你的知識再淵博，也不能預知未來吧？如果你沒有比預知未來更高明的智慧，那麼智者的頭銜應該讓給我們的先知。」

智者回答：「對生活有益，能改善生活，智慧才有價值。先知雖然可以告訴你們未來發生的每一件事情，可是在我看來，你們的生活並沒有因此而變得更好。」

村民們反駁道：「先知照明我們預測未來，我們可以根據未來的走向做出結論是否該去做一件事情，從而避開災禍——這難道不算好處？」

智者微微一笑，說：「據我的瞭解，雖然在先知的幫助下了迴避了不幸的未來，可是多年來，你們的生活並未因此變化——究其原因，不是你們對未來瞭解不夠多，而是因為你們太瞭解未來。」

村民們似乎對這話不能理解。智者看著村民中的一位，說：「你是阿達吧！去年你種了小麥，你詢問先知，知道麥田將會因一場大暴雨而顆粒無收。所以，你不再去打理田地，任其荒蕪。不僅如此，你從先知那裡知道這一整年都是災年，所以乾脆不再抱什麼希望，就這樣混過了一年，把希望寄託在下一年。可是前幾天，先知告訴你，今年的收成還不如去年，所以你今年的計畫仍然是不做太大的努力，對嗎？」

說完，智者將目光轉向一位長者，說：「而這位老人則不同，他是一位聾啞人，也從沒有請人去先知那裡幫自己預測未來。他與你不同，不知道去年是一個災年。他種的小麥也因為暴雨而顆粒無收，可是他重新種上了馬鈴薯，後來收成卻非常好。」

聽完這話，村民們都開始竊竊私語，討論這個『偶然』的結果為何會出現。

智者接著說：「可能大家有疑問：明明是註定的災年，為何馬鈴薯會獲得豐收？原因很簡單，因為這位聾啞老人不知道未來會發生什麼，只能像一般人那樣為了一個好收成而努力勞作。暴雨之後，他種了馬鈴薯，由於之前精心耕作，土地變得更加肥沃，再加上他的悉心照料，馬鈴薯獲得豐收也並不奇怪。對一個不知道未來的人來說，這是很正常的做法，因為不知會遭遇什麼，要想有所收穫，就必須不放棄任何希望和可能。至於奇蹟村的其他諸位，你們和阿達一樣，因為知道了未來，所以失去了爭取希望的動力。雖然躲避了災禍，減少了無意義的勞作，可是同時，你們也放棄了讓生活變得更好的機會。」

眾人默默無語，智者繼續說：「現在，我可以回答最開始那個問題：什麼是比預知未來更高明的智慧？答案就是：面對未知的未來，保持希望，不斷嘗試。」

說完，智者走了。幾天後，先知也在夜色中不聲不響地離開了「奇蹟村」，他已經預知到自己的命運——這裡，再也不會有人需要他預測未來。

聽完故事，我沒有說話。阿傑看我沒有反應，在我面前擺了擺手，說：「怎麼，被故事催眠了嗎？」

「怎麼可能，」我回過神，答道，「我只是覺得這個故事似乎有點心理學的寓意。」

「哦？這我倒要學習一下了。」阿傑興致勃勃地說。

「你剛才提到預知夢，從佛洛依德和榮格的角度來說，分別有不同的理解。佛洛依德認為夢是意識潛在願望的表達，而榮格則認為夢是無意識對現實的補償。而故事中的先知對村民來說就如同意識層面的『預知夢』，而智者的哲學則類似無意識的作用。」我一邊回憶心理學的理論知識，一邊解釋。

「還好聽眾是我，換成一般人怎麼能聽懂這種表達呢？」阿傑笑道，「不過，妳的解讀很有意思。先知雖能預測未來的一切，村民卻只是基於自己的希望，有選擇地詢問，得到的結果自然不可能是『全部』的未來，這種預知，如同妳所說，就是對願望的回應，獲得的永遠是片面的『看法』；智者的智慧則反其道而行，不是去『設想』未來如何，而是按照希望對現實進行調整，是一種超越『看法』回歸『做法』的智慧，也可以說是無意識——或者說是『無知』的智慧。」

誰來切鑽石

「無知的智慧，這聽起來很有哲學意味。」我還在不斷回味剛才的話題。

「不錯，看來妳的思考能力愈來愈接近我了，」阿傑點點頭，好像他真的變成了老師，而我是一個猜對問題的國小學生，「不過還是差很遠，呵呵。不過，從無知的智慧這個角度來看，有的事情，那些充滿智慧的專家辦不到，無知的初學者反而能做到。」

珠寶商 Andrew 在南非買下了一塊晶瑩剔透、大如蛋黃的鑽石。這塊鑽石罕見而珍貴，唯一美中不足的是，鑽石中間有一道裂紋。這讓 Andrew 有些不滿，他把鑽石拿給一位著名的鑽石切割師看，切割師看到這塊鑽石，說道：「雖然它有一道裂紋，但只要切割為兩塊，每一塊都會完美無瑕，其中任何一塊價值都將超過原來這塊。」

聽完這話，Andrew 大喜，可是，當他請切割師加工鑽石時，切割師卻擺了擺手，說出了心裡的擔憂：「這不是一件容易的事。一旦切割失敗，這塊價值連城的鑽石很可能會四分五裂，而破碎後的小鑽石，價值會一落千丈，即使加在一起也不及原本一半的價值了。」他不想冒這個有可能會毀掉鑽石的風險，所以拒絕了 Andrew 的委託。

後來，Andrew 又去了多個國家，遍訪過多位鑽石切割師，但每一位鑽石切割師都因為同樣的理由而拒絕了他。一個朋友得知此事後，推薦 Andrew 一位技藝純熟、經驗豐富的寶石加工專家。於是，Andrew 改變了行程，專程去阿姆斯特丹拜訪那位大師。

大師把那珍貴的鑽石放在顯微鏡下仔細觀察了一番後，開始向 Andrew 解說切割時可能出現的風險。Andrew 打斷大師道：「您不用再解說了，這些我十分清楚，每個專家都是因為這個理由而拒絕了我，我才找了您。您是我唯一的希望了，我相信您的水準，請一定不要拒絕我。」

讓 Andrew 意外的是，大師聽完笑著看了看他，並沒有拒絕，而是表示願意接受委託。雙方約定好加工費之後，Andrew 準備和大師商議交貨的時間，不料大師卻說：「您不用改天來取鑽石，請在這兒坐一會兒，馬上就可以加工好。」說完，大師就走開了，Andrew 一臉疑惑地看著他的背影。

過了一會兒，一個看起來非常年輕的切割師跟在大師身後走過來，手裡拿著一個小錘。大師指了指操作臺上的鑽石，年輕人點點頭，掄起小錘向鑽石砸去，那塊價值連城的鑽石瞬間就被擊成了兩塊。之後，他沒有多看一眼，把鑽石遞給大師後便離開了。從他走進房間到離開，還不足一分鐘。

「太驚人了！沒想到除了您本人，您手下還有技術如此精湛的高手！他在您這兒工作很長時間了吧？」Andrew嘆道。

「沒有很久，才三個月。」大師看著目瞪口呆的Andrew，解釋道，「把這塊鑽石分成兩塊，其實並不需要高超的技術，高手做不到是因為知道它的價值，心理很難不動搖，就算用最好的工具去切割，也難免因一絲的顫抖而失敗，更不可能用錘子砸了。剛才這位年輕人之所以能做到，就是因為他不知道這塊鑽石的價值。」

「怎麼樣？聽完這個故事，妳是不是感到很有信心了？就算是妳，也是有可能做到我做不到的事呀！」話雖如此，阿傑的表情卻像在說：妳是一輩子也趕不上我這天才的。

「別太得意了，大師，」我把勺子舉到他面前，「當心我這個初學者一不小心把你這價值連城的腦袋砸成兩半。」

弗洛姆的蛇橋

「下面我要講的故事，是關於一位心理學家的。為了預防妳中途打斷，我先聲明：這只是個故事而已。」阿傑說。

「好的，我不會說你是瞎編的。」我故意說道。

「……好吧！我不和妳計較。」阿傑重重地嘆了一口氣，繼續說，「故事還是關於剛才的話題：無知的智慧。」

著名心理學家弗洛姆曾設計過一個實驗，並親自參與其中。他帶領十名學生——他們就是這次實驗的對象——進入一間漆黑的房間。一開始，房間裡只能看到一盞光線微弱的小燈，學生們除了能看到彼此以及老師的背影，看不清其他任何東西。弗洛姆對學生們說：「在我們的面前有一座獨木橋。現在我帶著你們過橋，不用怕，橋不僅足夠寬而且非常穩，你們只要跟著我走就行。」

學生們排成一列，跟著弗洛姆順利走過了獨木橋，來到房間的另一端。這時，弗洛姆打開了另一盞燈的開關，這盞燈的光線要強了一些。藉助這盞燈的光，學生們看到了剛才他們走過的那座橋，馬上有人嚇得腿軟。原來他們剛才通過的獨木橋下面是一個巨大的水池，水池裡有數不清的毒蛇正在來回游動，有的蛇還昂起頭，向學生們吐著舌頭。學生們正在慶幸剛才沒有看到那些可怕的傢伙，沒想到弗洛姆對他們提出了一個更可怕的要求：「現在，讓我們原路返回，再次通過這座橋。」

雖然每個人都聽見了老師的要求，卻沒有一個人動一步。弗洛姆等了一會兒，嘆口氣說：「好吧！我不要求全部人都走過去。但是，如果你夠勇敢，如果你希望在這門課的成績單上看到一個讓你自己滿意的數字，就跟隨我一起走回去。」

顯然，最後這句話發揮了一定作用。三個人站了出來，跟在弗洛姆身後向橋對面走去。可是，他們走得非常緩慢。有一個人走到一半就蹲了下來，並保持這種半蹲的姿勢過了橋。還有一個人，剛走幾步雙腿無力，最後只能趴在橋上，以匍匐的方式爬過了橋。只有一個人是用比較正常的姿勢走過橋的，但他也走走停停，小心翼翼。至於剩下那七個可憐的學生，無論弗洛姆說什麼，他們都沒辦法邁開一步。

走到最初的一側，弗洛姆按了牆上的開關，把房間裡所有的燈都打開了——包括水池底部的燈。這次，學生們發現一個新的事實：在橋和毒蛇之間，還有一層厚厚的玻璃。弗洛姆隔著獨木橋問剩下的七人：「現在你們能通過橋走到這邊來嗎？」

弗洛姆話音剛落，有五個人就站了出來。知道有了玻璃的防護，他們都放心地走過橋去。可是，還有兩名學生在橋的另一頭猶猶豫豫不敢走過來。弗洛姆只好走過去，問：「你們沒看到那玻璃嗎？」那兩個人哆哆嗦嗦地說：「我們一直在想，萬一摔下去的時候，玻璃破了怎麼辦？」

「雖然你已經事先聲明過，我還是忍不住想說：我從來沒聽說過弗洛姆做過這個實驗。」阿傑剛講完，我就馬上說道。

「沒關係，我知道妳會忍不住。」阿傑表現得很「寬容」，他不疾不徐地喝了一口咖啡，繼續說，「不過，據我所知，弗洛姆說過這樣一句話：『真正的理想絕不是某種居於個人之上的神秘力量，它是無條件肯定自我的一種有力表現』。妳有沒有發現，這句話的精髓其實與蛇橋實驗的涵義很吻合？」

「你是說，弗洛姆的意思其實是『不論世界是否險惡，你都要內心強大』？」我問。

「對，」阿傑答道，「『內心強大』就是自信。不過，在不知道世界有多險惡，不知道橋下有毒蛇的時候，自信並不是難事；可是，對世界愈瞭解，看得愈清楚，保持信心就愈困難。最後，隨著自信和現實的不斷碰撞，還可能出現蛇橋實驗的最後一幕：即使現實環境變得不那麼糟糕，信心卻很難再次建立。」

死神的陷阱

「我發現，這幾個故事，總結成一句話其實就是『無知者無畏』。」我從阿傑的「故事催眠」中突然醒悟過來，說道。

「準確來講，『無畏』是『無知的智慧』的其中之一，但並非全部。」面對我的提問，阿傑不為所動，「無知的時候，不會因為過分擔心而失去行動的勇氣，這是『無畏』；另外一種情況下，無知能讓人不會因為自作聰明而輕易冒險，這是『無危』。」

當我還在聖達特爾酒店當廚師的時候，酒店曾經派一位老司機Mike送我和其他幾位廚師到林肯鎮參加美食節。汽車行駛著，大家都非常有興致地欣賞路旁的風景。

忽然，同行的廚師Ross喊了一句：「大家快看，前面有一條蛇，輾死牠，我們就有蛇湯喝了。」聽到這句話，其他人也看見了路上的蛇，都跟著興奮起來了，對Ross的提議紛紛表示贊同。我們一起盯著那條蛇，希望在牠爬出公路前壓死牠。

可是，司機 Mike 好像沒聽到我們說的話，他迅速降低了車速之後打開警報燈，提醒在後面的車輛注意安全。

很快，車距離蛇愈來愈近，我們看清楚了，那是一條兩米左右的眼鏡蛇，牠正努力地向前爬，似乎發覺了我們的意圖，想要趕在車輪輾過之前爬到另一側的叢林裡面去。

隨著車與蛇的距離拉近，我們都屏住呼吸，把目光聚焦在蛇身上。眼看著就要壓上眼鏡蛇的時候，Mike 做了一個讓我們所有人都大失所望的舉動——他打了一下方向盤，從蛇旁邊繞了過去，後面的幾輛車也跟著繞了過去。Mike 透過後視鏡看了一眼還在向前爬的眼鏡蛇，好像是鬆了口氣，繼續專心開車。

大家對本來可以到手的美味就這樣溜走了感到非常惋惜，紛紛抱怨 Mike 的行動。面對我們的質疑和抱怨，老 Mike 講了一個故事：

「我剛開始學開車的時候，跟你們現在的年紀差不多。一次，和我一起學開車的 Ben 開車經過一個路口，路口剛好有一隻狗趴著。當時，車上教練的反應和你們剛才一樣，他叫 Ben 將狗撞死。撞死了狗之後，他們把車停在路邊，Ben 下車去撿狗的屍體。正當 Ben 彎腰撿狗的時候，後面一輛大貨車駛來，他來不及躲閃，瞬間慘死在車輪下。Ben 不幸喪生已經過去了幾十年，我仍然沒有忘記這場事故的教訓——公路上任何吸引司機注意的東西，都可能是死神的陷阱。沒錯，剛才那條蛇也不例外。

如果剛才我們輾向牠，蛇皮很可能會使輪胎打滑，讓車會失去控制。如果這一情況發生，即使我們能勉強剎住車，也有可能被後面的車撞上，到那時，你們就不會在我身後感慨失去了那條蛇，而是在上帝的身邊感嘆失去了自己的生命！」

「這真是一個可怕的故事。」我被故事背後恐怖的現實感所震懾住了。

阿傑點點頭，說，「故事雖是虛構的，現實中這樣的事卻太多了。在一條危險的道路上，多餘的想法和慾望會讓危險發生的可能性瞬間提高。把思路再放寬一些來看，凡是會引起巨大慾望的美麗事物，往往都會帶來令人意想不到的壞結局。這樣的事物，猶如潘朵拉的盒子，人們一旦發現，沒辦法忍住不去打開。所以，最好的方式是對它們保持無知。」

二十世紀末，一位美國人在清理自家的池塘時，發現了一大塊黃金，它足足有六磅重。這件事曾引起轟動，不是因為金子本身，而是因為一位把它扔掉的人。那位美國人在家中發現一篇日記，日記的作者不是別人，正是他的祖父，後來，他把這篇日記刊登在了《新聞週刊》上。日記這樣寫道：「昨天，我在溪水裡發現了一塊金子。這或許能換到一些錢，可是也會讓人們以為這附近可以淘到金子。到時候，會有成千上萬的人擁向這兒來淘金。最後，我和妻子親手搭建的棚屋，辛苦開墾的菜園和池塘，傍晚的火堆，忠誠的獵狗，隨處可見的山雀、成片的樹木、空曠的草原……上帝賦予我們的這些美好而自由的一切將不復存在。不，這不是我想看到的。我寧願看到這塊金子被扔進池塘時濺起的水花，也不願身邊的一切，有一天從我眼前消失。沒錯，我要扔掉它。我扔掉的不過是一塊金屬，保住的卻是那些最為寶貴的東西。」

「真不簡單，」我讚嘆道，「這個人可以算是一位智者了。」

「是的，知道了有價值的東西存在，卻不為所動，甚至主動把它藏起來，不讓其他人被它所誘惑，的確不是一般人能做到的。因為最難的不是克制慾望，而是把『知』變為『無知』。」阿傑也表示贊同。

決定命運的「馬屁股」

「有許多書名含有『心理學』三個字的書，裡面會摻雜哲學、管理學、經濟學的東西，」阿傑忽然開始吐槽出版界的內幕來，「比如『馬屁股定律』，學名叫『路徑依賴』，是經濟學裡的概念，被許多書當成心理學定律了。」

「這個我有聽過，」我在學習心理學的過程中，也看過一本這類的書，裡面確實有這一條，「是說人一旦做出某種選擇，會依照慣性一路走下去，很難再改變吧！不過，它為什麼又叫『馬屁股定律』？」

「這是因為：現代鐵路兩條鐵軌之間的標準距離不是經過科學計算制訂出來的，而是由兩千年前的兩匹馬的屁股寬度所決定。具體來說是這樣：兩千年前的羅馬人用馬拉車，馬屁股寬度決定了戰車的輪距。羅馬人征戰四方，戰車的車轍遍布歐洲各地，這個輪距後來就成為整個歐洲馬車的輪距標準。到了近代，電車發明之後，也沿用了馬車的輪距。後來，鐵路出現，早期的鐵路設計師最初都是設計電車的，所以鐵路寬度也沿用了電車輪距。」阿傑解釋道。

「好複雜。」我覺得這段真實的歷史聽起來有些滑稽。

「可是，這條經濟學裡的規律對人生來說也適用嗎？」阿傑把話題給引了回來。

一對兄弟同時考上了大學，可是家中貧苦，供養一個大學生都十分困難，何況是兩人？面對貧病交加的父母，哥哥阿華對父親說：「讓阿希去吧！」

開學前，阿華讓阿希把錄取通知書給他看看。阿華拿著通知書，用右手在上面撫摸了一會兒，交還給阿希，說：「阿希，別把這張通知書的意義弄錯了，它不是讓你從此走向美好人生的門票。」

「那它是什麼？」阿希不解道。

「專吸汗水的一張吸水紙！」阿華答道。

阿希笑著接過通知書，此時，他還沒有明白那句話的涵義。

進入大學的第一年，阿希非常用心地念書。第二年，一個家境極好的女同學愛上了阿希，阿希靠她的錢過著富家子一般的生活。第三年，女孩發覺阿希並不真心愛她，只是貪圖金錢享樂，就和他分手了。之後，阿希無比苦悶，從此無心讀書，靠上網來度過大學剩下的時光，最後勉強混得了大學畢業文憑。

阿希念大學的這四年，阿華代替了多病的父親在當地水泥廠的工作，從最辛苦的碎石廠房工人做起。工作之餘，阿華改造了碎石機，提高了安全係數和碎石品質。後來，他被調進了灰霧瀰天的燒成廠房，不少工人在那裡得了矽肺病，他苦心鑽研，和幾個技術人員一起改善了廠房的環保設施。最後，高中學歷的阿華被破例調進了科學研究室，他透過反覆實驗，研發出了高品質的新產品。不久，他成了當地建材界的名人。

畢業後的阿希到一家有名的建材製品公司應徵。經過幾輪面試，他獲得了一個技術研發職位的工作，卻被要求在試用期期間去燒成廠房當工人。阿希覺得十分委屈，要求與總經理面談。獲得批准後，阿希在總經理辦公室見到了阿華那張熟悉的臉。

「看來，命運的道路不是由『馬屁股』決定的呢！」我覺得故事並不太出人意料。

「但妳的思路卻被故事所限制，」阿傑毫不留情地說，「故事中的大學錄取通知書看似是『馬屁股』一樣的存在，結果，兩兄弟的命運道路卻有了交叉，向著與最初相反的方向發展——如果這樣解讀，故事就沒有太大意義。其實，他們的命運被另一種『馬屁股』所限制。」

有一對孿生兄弟，其中一個過分悲觀，另一個過分樂觀。父親想中和一下他們的性格。

一天中午，父親買了很多玩具放在了遊戲室，把悲觀的兒子送了進去，對他說：「這些玩具都是你的，你可以盡情玩。」他又把樂觀的兒子帶到了一間堆滿馬糞的馬棚，說：「今天下午你只能在這裡度過。」

傍晚，父親來找兒子們。當他走進遊戲室時，發現兒子一直在哭泣。他趕忙上前，邊哄他邊問：「為什麼你不玩玩具，卻反而要哭呢？」兒子邊哭邊說：「我不敢玩這些玩具，如果玩壞了，你一定會不高興。」

父親嘆口氣，又走進了馬棚。他發現馬棚裡的兒子正在興奮地蹦蹦跳跳。父親問：「馬棚裡只有馬糞，你怎麼還玩得這麼開心？」兒子高興地說：「不，爸爸，馬棚真的好有趣，我和馬兒聊了一下午，牠們都很喜歡我。剛才養馬的叔叔來跟我說，有一匹母馬就要生小馬了，到時候我可以在旁邊看呢！」父親又嘆口氣，最終打消了改變兩兄弟的念頭。

「我懂了，你的意思是『江山易改，本性難移』，真正的『馬屁股』不是環境，而是性格，對嗎？」

「沒錯，不過，妳沒有發現我跑題了嗎？」阿傑笑了笑，端起咖啡喝了一口，說，「我們的主題是如何面對未知的未來，還記得嗎？」

我放棄回答，以免被阿傑進一步「調戲」。

阿傑放下咖啡杯，揭曉「答案」：「未來雖然難測，命運的軌跡卻可以從一個人的性格、處世態度上看出影子。所以，只要知道自己是個什麼樣的人，也就大概可以預想到自己的命運。」

未知的諾曼第

聽完了幾個故事，我有了新的疑問：「你講的這些故事，似乎是在說：未來難測，與其預知，不如無知。但是，盡量去瞭解可能存在的風險，能更好地做出準備，這也沒錯吧？」

「當然，《孫子兵法》中有句很著名的話『知己知彼，百戰不殆』，說得就是這個意思。」阿傑沒有否定我，繼續說道，「那句話後面還有兩句——『知彼不知己，一勝一負。不知彼不知己，每戰必敗。』所以，從理論上來說，掌握的資訊愈多，愈能立於不敗之地。」

我已經習慣了阿傑的思維方式，他接下來一定會說「但是」。

「但是，」他說，「現實中，知己知彼是很難做到的，大多數情況下，人們都要在不瞭解全部情況的時候做出重大決定。」

一九四四年，英美聯軍在法國諾曼第登陸。

順利登陸後，艾森豪將軍做為盟軍最高統帥，以一段熱情的演講給予將士們十足的信心。他說：

「我們已經勝利登陸，德軍被打敗。這是大家共同努力的結果，我向大家表示感謝和祝賀！」

事實上，這段演講背後，還有兩件不為人所知的事。

第一件事是：大家最後聽到那份演講稿是在登陸成功前就準備好的兩份中的一份。這兩份演講稿，一份是在戰鬥勝利的情況下使用，另一份則是為失敗的戰鬥而寫。兩份演講稿的內容並沒有太大差別，只是在某些語句上有所變化。比如，「勝利」的演講稿中的「最終的勝利必將屬於我們」這句話在「失敗」的演講稿中變成了「我們失敗了，但我們還要堅持，因為，最終的勝利在等著我們」。

為什麼艾森豪將軍會事先準備那份「失敗」的演講稿呢？這和第二件事有關。

登陸戰開始前，盟軍已做好一切準備，英吉利海峽卻突然風雲變色、下起暴雨。聯軍被困在海岸線附近，進退兩難。根據氣象專家的預測報告，暴雨將在三個小時之後停止。

這一情況在艾森豪眼中有非同尋常的意義：惡劣的天氣對盟軍來說是天然的掩護，利用最後這三個小時進攻，可以攻敵人於不備；可是，萬一氣候不如預測的這麼快好轉，暴雨的持續時間太長，敵人就有機會從突襲的混亂中恢復，糟糕的天氣反而對進攻中的盟軍不利，甚至可能因此而全軍覆沒。後來，人們在他當時的日誌中讀到了這位將軍做出決定時的內心獨白：「我決定在此時此地發動進攻，是根據所得到最好的情報做出的決定……如果事後有人譴責這次的行動或追究責任，那麼，一切責任應該由我一個人承擔。」寫完這段話之後，艾森豪向全軍下達了橫渡英吉利海峽的命令。

事實證明，艾森豪的決定是正確的。三小時後大雨停止，聯軍成功登陸諾曼第。

「軍事的事情我不太懂，」我說，「不過，千萬人的命運可能因為一個決定而改變，那個做出決定的人真是很不容易呀！」

「是的，和個人的決定相比，一個軍事決策的重量大到難以想像。所以，《孫子兵法》中就有『兵者，國之大事，死生之地，存亡之道，不可不察也』這句話。可是，現實就是這樣殘酷，時機轉瞬即逝，不給人掌握全部資訊的時間。在未知的威脅面前，或許只能『盡人事，聽天命』，這樣，至少還有一線生機。」阿傑分析道，「然而，如何『盡人事』才是最難的問題。對於這個問題，艾森豪還說過一句名言，非常切合我們的主題：『慎重與怯懦不是同義語，正如勇敢並不等於魯莽。』」

蜘蛛人的祖母

「有這樣一個人，」阿傑又一次以非常奇怪的講法引出新的話題，「他可以不藉助任何工具，徒手攀爬四百多米高的建築，而且被稱為『Spider Man』，妳知道他是誰嗎？」

「你都說他叫『Spider Man』了，那不就是電影裡那個飛簷走壁的蜘蛛人嗎？」我奇怪地問。

「他是『蜘蛛人』，不過不是電影裡面那個穿著緊身衣的超能力『蜘蛛人』，而是一個真實存在的平凡人。」阿傑笑著回答。

一九八三年，伯森．漢姆以徒手攀壁的方式，登上了高達四百四十三公尺的紐約帝國大廈，不僅創造了世界吉尼斯紀錄，也贏得了「蜘蛛人」的美譽。

根據當年的有關部門統計，美國有八萬多人患有懼高症，他們被這種疾病時時刻刻困擾著，有人甚至不敢站在椅子上換一個燈泡。而漢姆的壯舉，無疑給了這八萬懼高症患者新的戰勝病魔的勇氣。於是美國康復聯席會連忙聯繫「蜘蛛人」漢姆，打算聘請他擔任康復協會的心理顧問。

接到聘書後，漢姆打電話給聯席會主席諾曼斯先生，讓他查查第一〇四二號會員的情況。很快，一〇四二號會員的消息就被查到了，該會員八歲的時候從一棵樹上掉了下來，從此便患得了懼高症，十公尺以上的地方從不敢涉足，站在一樓的陽臺上都心跳加快。令人意想不到的是，當年的這少年就是今天的漢姆。原來，這位「蜘蛛人」本身就是懼高症患者。

「真有這事？」我有點不信，一個能只靠手腳爬到四百公尺高處的人，竟然有懼高症。

「別急，故事還沒講完呢！」阿傑說，「呵呵，妳不信，故事裡的人也不信。這位『蜘蛛人』難道真有什麼異於常人的能力？聽完妳就知道了。」

諾曼斯對此感到非常驚訝，漢姆的經歷讓他費解，為了解開心中的困惑，他決定親自去拜訪一下漢姆。當諾曼斯來到漢姆在費城郊外的住所時，恰巧遇到一場慶祝會，一位老太太被十幾名記者圍著拍照採訪。原來漢姆的曾祖母——九十四歲的格瑞斯為了替曾孫子慶祝，竟然徒步從一百公里外的老家趕來，誰知無心栽柳柳成蔭，格瑞斯這一無意的舉動，竟然創造了一位耄耋老人徒步行走距離的世界紀錄。

「哎？」我又忍不住打斷阿傑，「你是不是又跑題了？說好的『蜘蛛人』，怎麼變成一個破金氏世界紀錄的老奶奶了？」

「沒錯啊，『蜘蛛人』的神秘『基因』，就是源於這位老奶奶。」說完，阿傑繼續講下去。

一位《紐約時報》的記者採訪格瑞斯時問道：「當您想要徒步而來的時候，是否曾因年齡關係而動搖過？」精神矍鑠的格瑞斯朗聲道：「也許打算一口氣跑一百公里需要很大勇氣，但是走一步路是不需要什麼勇氣的。只要你走一步，再走一步，接著一步再一步，一百公里很快就走完了」。

站在一旁的諾曼斯聽到了格瑞斯的回答，他覺得似乎已經明白了懼高症患者漢姆能登上帝國大廈的原因。

「真有你的，跑題從孫子跑到祖母，又跑回來了。」我打趣道。

「不是我有意跑題，故事本來就是以這個樣子流傳的。」阿傑辯解道，「我本以為妳會說故事與『未知』無關呢！其實這才是跑題吧！」

「對啊，還是跑題了。」我恍然道，「不過，你還是能跑回來吧！」

「用不著跑回來。有沒有跑題，關鍵看妳如何解讀故事。」阿傑說，「我們談了半天關於未知的話題，卻沒有討論過其前提：為什麼會有未知？妳從我剛才的描述中聯想到的是一個非現實的『蜘蛛人』，對妳來說，現實中存在『蜘蛛人』就是一個未知的事。未知，其實就是在『已知』的前提下，從日常經驗出發，無法設想其存在的事物。而日常經驗本身並不包含現實的全部可能，所以人們會忽略掉一些可能。也許，這些被忽略的可能，並不是多難做到的事情，對『蜘蛛人』來說是『多爬一米』的勇氣，對老奶奶來說，是『多走一步』的毅力。」

山鷹與大魚

「電影《阿甘正傳》中有一句經典臺詞『人生就像一盒巧克力，你永遠不知道下一塊是什麼味道』，」阿傑慢慢喝了一口咖啡，似乎是讓我有時間回憶電影的劇情，「這句話妳怎麼看？」

「這大概是說，人生中有苦有甜，下一刻是苦還是甜卻是未知的，所以，要想遇到好味道，只能不斷嘗試，不斷去體驗吧！」我想了想，答道。

「沒錯。不過，在我看來，這句話還有另一個涵義：人無法迴避的東西，不是痛苦，而是未知；未知給人的困惑，不是無路可走，而是不知如何選擇一條路並堅持走下去。」阿傑似乎經過深思熟慮，說出了這句很有哲理的話。

Robert大學畢業時正值美國的經濟大蕭條，畢業後的幾年裡，他四處漂泊，始終沒有找到合適的工作。面對生活的拮据、生命的無奈，年輕的Robert一天天消沉下去，直至絕望。最後，他想用自殺來求得解脫。於是，在一個風和日麗的上午，他來到鐵路旁，準備臥軌自殺。

一位在附近散步的老人發現並阻止了Robert，他問：「年輕人，你為什麼要這樣做呢？」Robert把他的苦楚向老人和盤托出。

老人聽完羅傑的傾訴後說道：「你不該在事情還沒走到最後就做出如此糟糕的決定。每件事到最後都是好事，如果不好，說明還沒到最後。」老人指著鐵軌延伸的方向，說出了一句神秘的預言：「如果你不相信我的話，就沿著這條路走下去，今晚你就會到達一個城市。那裡，將有一束神奇的光線迎接你，當光線照射到你的同時，你還會看見一隻大鳥向你飛來。」

對於老人這段童話般的描述，Robert雖然不大相信，卻也暫時放棄了輕生的念頭。他想，反正沿著鐵軌走隨時可以赴死，不如按照老人的話試試，看看到底會出現什麼。

十幾個小時過去了，Robert終於走到了老人所說的城市。他向城市中心的廣場走去，當時，已是夜深人靜，廣場空無一人。Robert走了一整天，十分疲乏，他看到路旁的一把木椅，就坐上去休息，很快便昏昏入睡。忽然，睡夢中的Robert感到有些異樣，他費力睜開雙眼，一瞬間，一道炫目的強光和一隻巨大的鳥映入眼簾。這一幕不僅鮮明有力地投射在Robert的視網膜上，也極大地震撼了他的內心。此刻，他對未來毫不懷疑，他相信自己一定能找到工作，開始充滿希望的新生活。

許多年過去了，那個飽受失業之苦的青年已經成為一名經驗豐富的客機機長。他的全名是Robert Schornsteimer。這個名字如今已經伴隨著一個奇蹟般事件而被載入史冊。

一九八八年四月二十七日，美國夏威夷阿諾哈航空公司的二四三號航班在從希洛國際機場飛往檀香山國際機場的途中發生瞬間失壓，機身嚴重損毀，但最後，二四三號航班竟然在茂宜島的卡富魯伊機場安全著陸，包括機組人員在內的大多數乘客成功生還——這在世界航空史上是絕無僅有的。當時，駕駛這架飛機，讓六十多人逃離了死神的追捕，安全回到親人身邊的，正是Robert。事後有記者採訪Robert：「你能如此沉著自信地將飛機迫降，最終引發奇蹟，請問是否有什麼特殊的信念支撐著你？」

Robert回答道：「有，那是一隻在黑夜中的大鳥。」見記者有些摸不著頭緒，他就將年輕時那段故事講了出來。原來，當年的Robert最後到達的廣場附近有一座巨大的山鷹雕塑，廣場旁有個巨大的探照燈。每天凌晨十二點，探照燈都會準時亮起，在探照燈的照射下，那隻山鷹彷彿要在漆黑的夜色中展翅飛翔。

「其實，大鳥只是一個記憶的開關，每當Robert想起腦海中那幅畫面，就聯想起老人之前說的話。」說這話時，阿傑的目光游離，彷彿被自己的講述催眠。

「你是說在提到光線和大鳥之前的那句……哎？不好意思，我沒記住。」我想來想，竟然沒想起那句話是怎麼說的。

「那句話是：每件事到最後都是好事，如果不好，說明還沒到最後。」阿傑很快就說了出來，看來，他對故事的記憶力確實很好，這讓我不得不佩服，「說到『大鳥』，讓我想起另一個有相似意象的電影《大魚》（Big Fish，又譯：大智若魚）。《大魚》的主角在危難的時候從未失去信心，因為，他能『看到』自己死亡的場景。知道自己是怎麼死，這雖然是很可怕的一件事，可是反過來看，只要這一場景沒有出現在現實中，就說明自己一定會活下去。這種思維方式，和老人的那句話很相似。」

「還真是這樣，」聽了阿傑的分析，我突然明白了這個故事與「未知」的關聯，「無論是『大鳥』還是『死亡場景』，重點都不在最後的結局，而在於讓人重新面對未知，堅持向前。」

「沒想到，今晚最關鍵的一句話被妳說出來了。」聽到我的總結，阿傑放下咖啡杯，笑著說，「正是如此。會有『如何面對未知』想法的人，其實心裡已經在選擇『逃離未知』這個答案了。所以，更好的答案就是問題本身——面對未知。」

第四個星期六

「誰是最熟悉的陌生人？」

——自我察覺的「心」路

最近，我遇到了另一位國小同學——阿仁。念國小的時候，我還曾經暗戀過這個陽光活潑的小男生。沒想到，十多年後，他再次出現在我面前時，卻是一副憔悴的面孔。他說，這些年，因為愛情、工作等各方面的受挫，他已經對生活中的一切失去興趣，每天下班，他就回到自己租住的小房間發呆。過去的兩年裡，他有一年半的時間天天失眠，而且幾乎沒有任何工作之外的人際交往，不與任何人多說一句話。我知道，他已經得了嚴重的精神障礙。

「既然阿仁的病這麼嚴重，他為什麼不乾脆把工作辭掉，去接受專門治療呢？」阿傑似乎也是從國小之後第一次聽到阿仁的消息，非常詫異地問。

「他認為自己沒有病，只是遭遇到許多不幸罷了。」我很無奈地說，「從專業角度來講，我認為他這種情況必須接受藥物治療才有可能好轉。可是，我也無法強迫他去找醫生，除了我，他似乎也沒有向任何人說起過自己的情況，周圍的人也許只是把他當成一個性格古怪而內向的人而已。現在，我能做的，只能是定期去看望他，聽他訴苦，希望透過談話能多少減輕他的病情。」

阿傑聽完，注視了我一會兒，說：「看起來，阿仁似乎是把妳當成了一種精神寄託。如果妳要為他治療，先要搞清楚，妳把阿仁當成是妳的什麼人——是病人、朋友，還是內心有初戀時留下的情結，把他當成一個潛在的戀人呢？」

我沒想到阿傑竟然把問題引向了我。我想了一會兒，說：「首先應該還是病人吧！」

阿傑點點頭，說：「專業領域的事情，我就不隨便發表議論了。還是回到我們的故事之夜。今天，不如就從剛才的話題出發，引出故事的主題：如何自我察覺。」

怎樣找到一個好碗

「妳也許會覺得奇怪，為什麼我把重點從阿仁轉到妳的身上。」阿傑繼續解釋道，「因為，此時此刻，在我面前的不是阿仁，而是妳。我所說的話，影響不到阿仁，卻能對妳有所啟發。」

我點點頭，明白了阿傑的意思，他是怕我在幫助阿仁的過程中被他的負面情緒所影響——也就是發生了不良的「反轉移」，所以，先替我在心理上打一劑「預防針」。

「回到我們的主題吧！」阿傑說，「咱們前幾次聊的話題——險惡的世界、漫長的蘑菇期、難測的未來，這些都是外界的客觀問題。在這些問題面前，有的人平平穩穩地走過去，有的人卻墜入萬丈深淵，這就是由每個人不同的『自我』所決定。阿仁的問題，妳說是因為『愛情、工作上的挫折』，可是，誰沒有在愛情和工作上遇到挫折呢？會出現這樣的心病，甚至到了需要藥物治療的地步，這恐怕就是阿仁自己的問題了。」

碩士畢業後，Jesse 進入一家有名的電氣集團，成為了一名收入不菲的 OL。Jesse 立志要在自己的領域做出一番事業，可是不到半年，她便提前解除了合約，原因是公司裡的虛偽、相互猜忌的人際關係讓她感到窒息、疲憊不堪。所以，她理所當然地跳槽到另一家公司。

然而，三個月後，Jesse 又辭職了，她覺得那裡仍然不是她想要的工作環境，每個人對她都不夠真誠。帶著美好的憧憬，她又跳槽到另一家公司，可是，兩個月後，她再次因為同樣的理由跳了出來……很快兩年過去了，同學們都在各自的領域小有所成，念書時成績最優秀的 Jesse 卻還在跳來跳去，輾轉奔波。在第九次離職後，Jesse 覺得自己快要崩潰了，她想起念書時最照顧自己的導師 Ann，便打電話給她，傾訴自己的迷茫與傷感。

Ann 聽完 Jesse 的訴說後，沒有急於開導她，而是講了一個故事：

有一個年輕人去一家店裡買碗，他聽人說過一個小竅門——用一個碗去輕輕碰撞另一個碗，如果發出的聲響十分清脆，那麼那個被撞擊的一定是個好碗。於是他順手拿起一個碗，依次與其他碗輕輕相碰，不料，每次都只能聽到沉悶、渾濁的聲音。他挑遍了店裡所有的碗，竟然沒有一個是好碗。老闆看到他的檢驗方法，笑著遞給他一個碗，說：「年輕人，把你手上拿著的那個碗給我，用這個碗再去試試。」年輕人沒有想太多，他接過老闆遞來的碗重新嘗試，這一回，每個碗都在碰撞下發出清脆悅耳的聲音。他不解地問老闆原因，老闆笑著說：「你最初當成檢測標準的碗本身就是次品，它跟任何一個碗碰撞的聲音當然都是渾濁的。看來，你雖然知道這個竅門，卻不知道運用它的前提——

如果想得到一個好碗，你首先要保證自己拿的是一個好碗。」

聽完 Ann 的故事，Jesse 明白了自己總是「遭遇不幸」的原因。一直以來，Jesse 在與別人相處的時候，總是因為怕被算計而處處小心謹慎，給人一種工於心計的感覺，這樣就難免會讓別人與她相處時也感到緊張，不敢對她這種看起來深不可測的人敞開心扉。

「這個故事對此刻的我來說，真是很有警示作用啊！」我點頭道。

「妳能明白這一點，也不枉我專門針對妳而選擇這個故事了。」阿傑握著咖啡杯，說，「當然，這對阿仁也是一樣。如果他有意迴避人際交往的理由是覺得別人對他不能理解或有敵意——我猜想這很有可能，因為他能對妳說心裡話——那麼，只有當他轉變對自己的看法時，才有可能改變別人對他的看法。」

驢的困惑

「想改變別人對自己的態度，先要改變自己對自己的看法。這樣，外界環境的問題就轉化為內部自我的問題。在自我的問題中去衡量，『改變對自己的看法』其實是一個非常『高階』的課題，在解決這個問題之前，必須先解決一個更加基本的問題——認識自己。也就是我們今晚的主題，自我察覺。」阿傑似乎不準備給我機會提問，繼續說下去，「可是，妳一定也聽過，『認識你自己』是刻在德爾斐的阿波羅神廟的三句箴言之一，被哲學家認為是世間最難的事。」

有一頭在寺廟中長大的驢，從出生起從沒出過山門，每天都在辛苦拉磨。天長日久，驢子漸漸厭倦了這種乏味的生活。牠想：如果能夠出去見見世面，那該有多好啊！

一天，驢子期盼已久的機會來了。一個僧人要去山下將一件東西帶回寺廟，因為這件東西很沉重，需要讓驢子來馱。第一次走出寺廟，驢子非常興奮。

驢子隨著僧人來到了山下，僧人將那件東西放在驢子的背上，就開始返回寺廟。一路上，驢子看到一種奇怪的現象，但凡牠經過之處，無論是男女老幼，只要看到牠，無人不是跪在道路的兩旁，虔誠地向牠頂禮膜拜。剛開始，驢子還有些害怕，想躲開眾人的目光。可是過了一會兒，驢子明白了，看來，在寺廟以外的地方，自己是一種受人尊敬的存在。想到了這一點，驢子不僅不再迴避行人，在人多的路段還故意停在路中央，愉快地接受膜拜。

回到寺中後，驢子想：我是如此偉大，卻為這些平凡的僧侶辛苦幹活，實在是有失身分。這樣一想，驢子就乾脆不再幹活。廟裡的僧人因為有不殺生的戒律，只能給牠自由，放牠下山。

驢子下山以後，就發現一群人正抬著花轎，敲鑼打鼓地向自己走來，心裡想：看來這些虔誠的人已經知道我獲得了自由，特意來迎接我，於是，牠高興地站在路中間等待人們的歡迎與跪拜。

實際上，這是一支迎親的隊伍。看到這頭沒有主人的驢子擋住了去路，迎親的人很生氣，紛紛拿起棍棒把驢子狠狠地揍了一頓。不知所措的驢子慌忙逃回寺廟，卻因為傷勢過重而奄奄一息。

在彌留之際，佛祖見驢子可憐，到死都不明真相，就顯靈讓驢子有開口說話的能力。驢子痛苦的呻吟變成了人的聲音，寺中的僧人們聽懂了牠的話：「人心真是險惡難測。上一次，他們是那樣恭敬地崇拜我，這一次，他們卻這樣狠毒地痛打我。」

聽到這話，寺廟的住持撫摸著這頭可悲的驢子，嘆道：「不是人心難測，是你不知自己本相。上次人們頂禮膜拜的並不是你，而是你背上的佛像。」

「這個故事我好像在哪裡聽過，」我說，「不過，以前聽的時候，似乎是個笑話。聽你講完，卻笑不出來。」

「把它當成諷刺別人的故事，就很像是笑話。可是，當一個人認為自己不被人理解，甚至像那驢子一樣感嘆『人心險惡』的時候，誰又敢說是真正看清了自我的本相呢？」阿傑分析道，「從這個意義來講，驢的愚昧其實就是每個嘲笑牠的人的愚昧。」

清朝光緒年間，左宗棠率軍西征。路過蘭州的時候，左宗棠微服出巡，在路邊見一棋攤，棋攤旁邊的招牌上有六個字：「天下第一棋手」。

左宗棠酷愛下棋，他看到那招牌，忍不住上前挑戰。幾局下來，攤主被殺得落花流水，一敗再敗。左宗棠志得意滿地「勸」攤主趁早把招牌砸了回家去，棋藝如此還擺這樣的招牌，只會丟人現眼，貽笑大方。

一年後，左宗棠西征勝利，班師回朝，再次路過蘭州。令他沒想到的是，那棋攤竟還在，寫著「天下第一棋手」的招牌也原封不動地擺在那裡。左宗棠心想：此人竟如此狂妄！看我再教訓他一番，讓他知道誰才是天下第一！這次，戰局依舊「一邊倒」，不過，一敗塗地的卻是左宗棠。

幾番挑戰之後，左宗棠終於不得不承認此人是自己平生所見的第一高手，可是他實在不明白，才一年的時間，此人的棋藝竟能達到如此地步，難道是有什麼秘訣嗎？他不禁問道：「先生的棋藝進步如此神速，可有不傳之法？」

攤主笑了笑，說：「大人雖是微服私訪，但小人一年前就已知您是左宗棠。對弈之道，本不分貴賤。可是上次您西征在即，小人故意讓您得勝，是希望您能有信心去為國建功立業。這次您大勝而回，小人便可毫無顧忌，全力以赴了。」

「這個故事看起來和驢子的故事差不多，不過，更具有現真實性。在現實中，即使一個人足夠理性，也很難在複雜的社會關係中認識自己。這是因為人為了在社會中認識自己，往往『以人為鏡』，透過他人的反應來判斷自己，可是，人生活在社會中，需要戴許多『面具』，有時候，你很難分清楚別人的態度是針對你，還是針對你的面具。」

鳥的三種結局・前篇

「我曾經看過一本漫畫」阿傑說，「漫畫裡面有這樣一個情節：如果世界上沒有鏡子，也沒有一切可以反射鏡像或保存影像的東西，會有什麼樣的後果呢？」

沒等我從這個奇怪問題所引發的想像中走出來，阿傑就揭曉了答案：「不用浪費腦細胞了，這假設的涵義其實很簡單，就是人看不到自己的臉。雖然還有繪畫和雕塑這類手方法，但沒有真實可靠的標準，只能靠旁人來判斷，誰會相信自己真實的長相就是如同繪畫和雕塑所表現的那樣呢？結果，一個人對自己容貌的認識，或依靠他人的描述，或依靠自己憑空想像。」

一個獵人無意中找到兩顆鷹蛋，他把它們帶回家，放在雞窩裡，好讓母雞把它們孵出來。但是，獵人很快就忘記了這件事。

兩隻鷹出生以後，在母雞的照料下長大，牠們以為自己也是雞。隨著時光的流逝，牠們的體型和雞愈來愈不同，還長出了彎曲的爪子和喙，卻仍然要學著用雞的方式行走，用彎曲的喙啄食蟲子。

因為這些先天的「畸形」，牠們的動作顯得十分笨拙，常被其他小雞嘲笑是「長相醜陋、姿勢搞笑」的「怪胎」。

一天，一隻老鷹從雞棚上空飛過，小雞們在母雞的帶領下慌忙躲了起來，只有兩隻小鷹站在原地，昂著頭出神地望著那自由的身影，讚嘆道：「如果有一天我們也能像那樣飛翔，該多好啊！」這句話引來了一片嘲笑。母雞責備道：「孩子們，別癡心妄想了，我們是雞，與其把心思花在沒用的地方，不如老老實實地去多找點食物吧！」

面對「兄弟們」的嘲笑和「母親」的批評，一隻小鷹放棄了「白日夢」。牠默默地回到雞群中，跟著大家尋找食物去了。另一隻小鷹想：「我有鷹一樣健壯的翅膀，既然鷹能飛，我為什麼不能？」於是，牠開始練習飛行。

有一天，獵人想起了鷹蛋的事，他來到雞棚尋找兩隻鷹。他看到雞棚裡有一雙翅膀正在不斷扇動，接著，一個身影騰空而起，消失在附近的叢林上方。獵人後悔沒有早一點趕到，放走了這隻鷹。不過，他不擔心，因為還有一隻呢！他回頭在雞群中尋找，好不容易找到了牠。可是，這隻動作和雞完全一樣的鷹，根本不懂得飛翔，無論獵人如何訓練，牠也無法成為打獵的幫手。最後，獵人一氣之下把牠殺了，做成了下酒菜。

「這兩隻鷹，代表了那漫畫裡的兩種人：一種人完全依靠別人的評價判斷自己，另一種則按照自己希望的樣子來認識自己。」阿傑總結道。

「所以，人們應該像那隻最後學會飛翔的鷹一樣，對自己充滿信心。」我補充道。

「這句話只能對這個故事的主角有效，因為牠們本來就是鷹，正如那著名的醜小鴨，最後並不是『變成了』天鵝——牠本來就是天鵝。」阿傑反駁道，「如果一隻真正的雞想成為鷹，一隻真正的鴨子想成為天鵝，無論多麼努力，都是徒勞。」

鳥的三種結局・後篇

有一隻麻雀名叫小飛，牠的夢想是飛得更高。於是，牠天天練習向高處飛行的技巧。其他的麻雀看到牠飛得比大家都高，非常羨慕，於是就問小飛為什麼要飛那麼高。小飛說：「我小時候就聽說過人類的一句話，叫『麻雀雖小』，後面好像還有一句，我不記得了，但肯定不是什麼好的話。總之，我們麻雀是被小看的鳥類，這是不公平的。我想用親身經歷來證明，只要勇於追求夢想，麻雀也可以比雄鷹飛得更高。」這段激動「雀」心的演講在麻雀界廣為流傳，小飛也以「飛得和鷹一樣高的麻雀」被所有的麻雀所崇拜。既然出了名，小飛認為就要做到名副其實，此後，牠只要在飛行途中，就一定要達到鷹的高度。

一次，小飛正在高空飛行，忽然發現上方不遠處有一隻鷹。小飛嚇壞了，牠忽然想起母親說過一條救命法則：「我們麻雀在遇到鷹的時候，只要躲到附近的屋簷底下或者鑽進草叢裡就能輕鬆逃離危險。」可是，這條法則對小飛來說卻無法發揮作用，牠飛得太高了，屋簷和草叢都離牠非常遠。小飛只能奮力逃跑，可是，牠達到了鷹的高度，卻無法達到鷹的速度，最終成為了鷹的美食。

「我發現，你很擅長把一個笑話講得不好笑。」我笑著說。

「不好笑，那妳還笑，」阿傑一本正經地說，「真正可笑的不是故事，而是現實。比如，一些書裡寫只要人們照著某種方法做就一定能成功，這種講法就很可能讓那些本來是麻雀的人卻想勉強成為鷹。妳想，世上有那麼多人，怎麼可能有一種適合所有人的活法？就算是那些看似正確，甚至是經過了驗證的話，往往也只是適用於一時，隨著時間的推移，它們將不再有效。」

有一隻剛剛出生的動物，在一個村莊附近大樹下等待父母的餵食。一個路過的農婦看到了牠，認為那是一隻雞，就將牠撿回去，與自己家的雞一起養。一天，一個獵人路過村莊，看到農婦養的雞，指著被撿回來的那隻，對農婦說：「這是一隻鷹，妳怎麼能把牠和雞一起養呢？」農婦笑了，她把那隻雞舉起來，然後鬆開手，只見牠扇動了幾下翅膀，就掉下去了。農婦說：「你看，這明明就是一隻雞。」

一年後，獵人再次路過，專門去農婦家看那隻雞，發現牠已經長得很大了。獵人再一次告訴農婦，根據他多年的狩獵經驗，他非常肯定這是一隻鷹。農婦還是笑著重複了那個實驗，那隻大雞依然在扇動幾次翅膀之後掉在地上。獵人只能搖搖頭離開了。

又過了一年，獵人第三次來到這個村莊。他來到農婦家，農婦見到他，沒有說話，把他帶到雞棚，再次給他展示那個實驗。那隻雞已經長得高大強壯，有著其他雞沒有的銳利眼神。就在農婦鬆開手的瞬間，牠飛了起來，衝出雞棚，消失在天際。

「妳看，這個故事和前兩個故事有什麼不同？」阿傑問。

「這是從旁人的角度來說的吧！有人是對的，有人是錯的。不過，鷹最後還是做回了自己。」我試著分析道。

「但前提還是我們知道牠本來就是一隻鷹。」阿傑補充道，「在不知道牠是什麼的時候，一開始，農婦的判斷是很有道理的，驗證方法也很科學。隨著時間的推移，獵人的觀點又變成了真理。其實，人對自己的判斷也是如此，以前可能的確是一隻雞，但以後未必不能成為鷹。」

如果我是金子

「說了這麼多，結論好像還是不知道如何瞭解自己啊？」我見阿傑似乎在腦中搜索新的故事，趁機問道。

「當然，我們一開始不就說了嗎，『認識你自己』是世上最難的事了，這可是古希臘哲學家得出的結論。」阿傑緩緩喝著咖啡，似乎已經想好了新的故事，「還是讓我們繼續發揮『轉換視角』的力量，換個方式來看這個問題吧！」

「怎麼換？」我問。

「既然認識自己太難，不如暫且跳過這個問題，進入下一個環節好了——」阿傑詭異地笑著說，「我們就假設自己是最優秀的人，是『金子』吧！那麼，下一個問題就是：如果我們是貨真價實的金子，別人怎麼看？」

Clark是一位才華橫溢的青年，他不明白為什麼自己一直懷才不遇。有一天，他實在按捺不住心中的憤懣，向天空發問：「上帝啊！祢為什麼對我如此不公？」

話音剛落，一位老人就出現在他面前。Clark 沒有感到太驚訝，他相信眼前這位突然出現的老人就是上帝。上帝把他帶到了陽光燦爛的海邊，撿起了一顆不起眼的鵝卵石向不遠處扔去。隨後，上帝對 Clark 說：「請你幫我找回剛才的那顆鵝卵石。」

Clark 聽從了上帝的指示，可是他找了很長時間也沒有找到——這是當然，因為他根本沒有看清楚上帝扔出去的那塊石頭是什麼樣子的。最後，他只能無功而返。

接著，上帝從手指上取下一枚金戒指，以同樣的姿勢扔到不遠的地方，對 Clark 說：「請你幫我找回剛才的金戒指。」這次，Clark 很快就找到了在陽光下閃閃發光的金戒指。

接過戒指後，上帝微笑著問：「你明白了嗎？」雖然上帝的問題非常簡略，聰明的 Clark 卻很快領悟到問題的涵義，他想了想，答道：「我覺得自己與眾不同，抱怨自己懷才不遇，也許我也只不過是一顆再普通不過的鵝卵石，丟在一片鵝卵石中根本不顯眼；如果我努力成為一塊真金，就能很快脫穎而出。」上帝滿意地點點頭。

接著，上帝又把 Clark 帶到了一堆垃圾前，說：「請你將這枚金戒指埋在垃圾堆裡。」Clark 剛埋好後，上帝又說：「現在，請你將那枚金戒指找出來。」Clark 找到很久才找到，上帝用水沖洗了一下被弄髒的戒指，金戒指在陽光下頓時又閃現出耀眼的光芒。上帝微笑著問：「你明白了嗎？」

Clark 若有所思的答道：「世界上沒有絕對的公平，即便我是一塊貨真價實的金子，放錯了地方，也很可能被埋沒，失去往日光彩，如同廢物。可是只要我的本質沒有因此而改變，只要等待機會回到陽光下，依舊能發出奪目的光芒。」上帝滿意地點點頭。

最後，上帝把 Clark 帶到了黃金市場，對 Clark 說：「現在，請你去商店打聽一下這枚戒指能賣多少錢——為了保險起見，最好多問幾家店。」Clark 接連去了三家商店，沒想到各家的說法不一：第一家店的店主人仔細看過之後認為戒指做工精美絕倫，是一件稀世的藝術品，給出了極高的價格；第二家店的店主人隨意看了一眼，覺得含金量不算太高，而且還有細微的刮痕，給出了普通的價格；第三家店的店主人入行不久，鑑賞能力不高，他竟然說戒指不是真金而是鍍金，給出的價格極低。

上帝微笑著問：「你明白了嗎？」

Clark 不假思索地答道：「上帝，我明白了。每個人的眼光不同，即便我是一塊貨真價實的金子，別人對我的評價也很可能有高有低。但是，價格不等於價值，重要的不是別人的評價，而是我是否是有價值的真金，是否知道自己的價值。」上帝滿意地點點頭。

「仔細推敲這三段『金戒指實驗』，Clark 在上帝的引導下，其實是繞了一個圈，回到了問題的起點。」阿傑分析到一半，故意停住了，問我，「妳明白了嗎？」

「請不要偷偷把自己當成上帝好嗎?」我識破了阿傑顯而易見的伎倆，答道，「Clark苦惱的問題不是『我是不是金子』，而是『為什麼別人不把我當成金子』。最初的沙灘上，Clark懷疑自己可能不是金子而是石頭。後來在垃圾堆，他又明白了也許是環境埋沒了自己。最後，他發現其實不管自己是不是金子，都不能靠別人去判斷，只要自己知道自己是金子就行了。也就是說，上帝幫助他放棄了那個令他煩惱的問題，回歸到對自身價值的詢問——這個問題恰恰是他毫不懷疑的，因為他苦惱的前提就是『我是金子』。」

「我滿意地點點頭。」阿傑繼續剛才的表演，重重地點了點頭。

「把自己當成真金，有這樣的信心固然很好，不過，也可能因此走向另一個極端。」咖啡喝完了，阿傑在等待下一壺咖啡的時間裡，無聊地把玩著杯子，「那就是：過分修飾外表，讓真金看起來像鍍金。」

錯在勤奮上

在一家公司銷售員的面試中，Jenny 和 Joanna 同時進入試用期，但是職位只有一個，最後擇優錄取，只能有一個人留下來。

上班的第一天，Jenny 很早就到了公司，為了消除同事對新人的排斥心理，更快的融入集體，她特意買了兩盒蛋塔分給同事，大家都很喜歡熱忱的 Jenny。當經理提前十分鐘來到公司時，Jenny 站起來向經理問候，經理笑著對 Jenny 說：「來得很早嘛！」這時 Joanna 才不慌不忙地打卡。

上班後，經理把 Jenny 和 Joanna 一起叫進辦公室，向她們介紹了公司的情況，並告訴她們主要工作就是協助銷售部門制訂銷售計畫和跟進客戶，還分配了兩人不同的客戶群。Jenny 拿出本子和筆把經理說的一一記下，而 Joanna 什麼也沒有帶。經理問兩個人還有什麼問題時，Jenny 為顯示認真，特意問了經理幾個問題，經理耐心地一一解答。

之後 Jenny 為了給經理留下好印象，每天都早到晚歸，等經理離開後，她才回家；而 Joanna 雖然不會遲到早退，但也從不加班，她只是按部就班地完成她的工作。

有一天，經理加班到很晚，當 Jenny 把飯盒遞給經理時，經理既感激又驚訝，他問 Jenny 為什麼那麼晚還沒有走，Jenny 藉口說：「我還有工作沒有做完，一會兒忙完了就走。」經理點點頭說：「那妳去忙吧！記得注意身體哦！」Jenny 心花怒放，她的努力終於被經理看到了，Jenny 覺得自己穩操勝券。

三個月後，公司宣布了試用的結果。出人意料的是，那個被淘汰的人竟然是 Jenny，公司的理由是 Jenny 的工作能力不如 Joanna。Jenny 完全想不通，更無法接受這個結果。她去找經理理論，經理溫和地解釋道：「雖然妳們兩人的業績是一樣的，但是 Joanna 只用了正常工作的八小時，而妳卻要早到晚歸才能完成；相同的工作內容，Joanna 只要腦子就記住了，而妳不僅要用本子記，還要反覆問幾遍；這三個月裡，Joanna 利用業餘時間，不僅自學了許多物流知識，還報考了相關考試，妳卻只是完成了基本工作而已。我知道妳的態度很好，工作勤奮，同事團結，我個人也非常喜歡妳。但是，對公司而言，勤奮不等於優秀，高品質、高效率的工作才是鑑定一個員工優秀的標準。」聽完這話，

Jenny無言以對，只能抱著悔恨離開了公司。

「這種倒楣的人也許不多，但是有這樣想法的人應該不少。」我聽完這個故事，又想起阿仁的事——他過去是否也有走過這樣的職場彎路呢？

「是的，理論上，我們說人應該堅持自己的價值，不要為了別人的眼光而活。可是生活中，還是常常遇到不得不競爭，不得不表現自己的時候。」阿傑扶了扶眼鏡，說，「一旦把『表現自己』的念頭做為目標，又容易把目光聚焦在他人身上，失去了對自我的關注，搞錯了表現的方向。所以說，不僅『認識自己』是萬分困難之事，保持『關注自己』也不是一件容易的事。」

砍哪棵樹

「剛才，我們找到了一個有趣的新話題——關注自己。雖然這也不是一件簡單的事，但是與『認識自己』相比，還是容易得多，而且也更加『實用』。」阿傑一邊替自己倒咖啡，一邊說道。

「實用？這怎麼講？」我問。

阿傑沒有直接回答，他倒好咖啡之後，慢慢啜了一口，開始了一個新的故事。

Duke跟隨一位被稱為智者的老師學習三年後，覺得自己學有所成，跑去向老師告別，躊躇滿志地打算去外面闖出一番天下。老師看著年少輕狂的Duke，緩緩說道：「你想出去闖盪我不阻攔你，但你必須能答對我下面要問的問題。」Duke胸有成竹地說：「好！」

老師問：「如果你是一位樵夫，你上山砍樹，在你的面前只有兩棵樹，一棵很細，一棵很粗，你會選擇砍哪一棵？」

Duke脫口而出：「當然砍粗的，粗的比細的值錢嘛！」

老師笑了笑說：「如果那棵粗的只是一棵普通的楊樹，而那棵細的，卻是紅松。你打算砍哪一棵？」

Duke機靈地回答：「紅松比楊樹值錢多了，我當然是砍值錢的，我砍細的。」

老師又說：「如果那棵粗楊樹筆直挺拔，而那棵細紅松卻彎彎曲曲呢？你會砍哪棵？」

Duke開始疑惑了，他想了想回答：「如果這樣的話，我還是選擇粗楊樹吧！細紅松也做不了什麼。」

老師繼續追問：「忘了告訴你，楊樹雖然筆直，但是中間已經被蟲子咬空了，你還會選它嗎？」

Duke有點慌張了，他愈來愈不明白老師到底要問他什麼，他吞吞吐吐地說：「一棵空掉的粗楊樹用處上還比不上細紅松呢！我還是選紅松吧！」

老師繼續不慌不忙地追問：「但是，細紅松雖然沒有被蟲子咬壞，卻有很多很多旁枝，砍起來非常費勁。」

此時Duke大腦一片混亂，他機械式地回答：「既然兩棵樹都沒什麼用，還費那麼大勁幹什麼，哪棵容易砍就砍哪棵吧！」

老師咄咄逼人地繼續追問：「不巧的是楊樹上面有個鳥窩，你如果把楊樹砍倒了，幼鳥們將無家可歸，甚至很可能因此死掉。如果你這麼做，很可能被鳥類保護協會給盯上。現在，告訴我，你還打算砍它嗎?」

Duke滿頭大汗地向老師求饒:「老師,您到底要問我什麼呢?這麼變來變去的,我真的不知道該怎麼選擇了。」

老師語重心長地說:「Duke,從第一個問題開始,你就有一個機會可以找到答案,卻一直沒有使用。你為什麼不問自己:到底為什麼要砍樹呢?你砍了樹之後要用來做什麼呢?無論你面前的樹有什麼特點,你是否應該砍它,取決於你砍樹的動機到底是什麼。你如果是要用來燒火,就該堅持砍楊樹;你如果是用來做工藝品,就該砍紅松。至於粗與細、彎與直,有蟲子與否,容易砍與否,有鳥窩與否,都是次要的。」Duke非常慚愧,從此踏踏實實的繼續跟隨這位智者學習。

「如果我沒理解錯的話,你應該是想說『轉換視角』吧?」我問。

「妳太聰明了,『華生』。」阿傑把咖啡杯舉到我面前,碰了一下我的杯子——看起來他是喝太多咖啡而過於亢奮了,「沒錯。在面對紛亂變化的事物而無法選擇時,有一句話總是被人們提起——遵從你內心的選擇。這看起來是一句廢話,如果內心能做出選擇,自然就不會有迷茫了。不過,這句話的真正意義並不是找到最佳的選擇,而是幫人們從外界的干擾中擺脫出來,把注意力集中在最簡單、最直接的想法上。這樣做出的選擇不一定最合理,但至少你已經做出了選擇,就不會停滯不前。」

懷才不遇的小說家

「據我瞭解，精神障礙的分類裡，有一類叫做『狂想障礙』，對吧？」阿傑問。

「是有這種類型，裡面還有許多細分的情況。」我正準備仔細闡述，忽然意識到阿傑這個問題一定是有所指，就停下來等他繼續說。

「其中有一種類型，叫做『誇大妄想』，是指患者對毫無根據的設想抱有堅定不移的信念，比如，堅信自己是外星人派來統治地球之類的？」阿傑用了少見的疑問語氣，看來是要徵求我的意見。

「雖然你說的這種妄想我沒見過個案，不過也差不多就是這種感覺的妄想。」我點頭道。

「我對於嚴格意義上的界定方法不太瞭解，但如果只是從這一類型的描述來看，許多人都多少有些類似的想法。」阿傑說。

Frank 是美國加州的一名計程車司機，他從小就喜歡寫作。他成為計程車司機已經是第十年，就在他進入這一行的第一天，他就開始寫小說。這十年來，他經常在開計程車時為乘客講述自己小說裡的某個情節，他在副駕駛上還貼了一張「出版商和劇作家可免費乘車」的字條。平時，不開車的時候，他就潛心坐在家裡電腦前寫作。因為 Frank 年輕的時候讀過許多書，又頗具文字方面的天賦，所以他所寫的小說水準並不比那些專職作家差。

十年來，免費乘坐過 Frank 車的出版商和劇作家數不勝數，Frank 也都一一向他們提供了自己小說的試讀本，留下了聯繫方式，可是，最後那些出版商和劇作家都沒有再聯繫過他。Frank 常常抱怨命運的不公，指責那些出版商和劇作家有眼無珠。

一天，某雜誌社舉辦的作家簽名會上，做為評審委員的某出版社社長 Stuart，談及自己多年的見聞時，其中就提到了寫小說的計程車司機 Frank。Stuart 說：「五年前，我遇到過一位計程車司機，名字好像叫 Frank，我在他的計程車上看過他寫的小說，寫得非常不俗，情節、人物塑造都很到位，故事也頗有懸念。我很感興趣，原本在車上就已經為他想好了推薦方案，準備幫他出版，可是在下車時，他對我說了一句話，使我最終改變了想法。」

另一位評審 Noah 問道：「是什麼話這麼具有『殺傷力』？」

Stuart 搖搖頭，說：「他說在整個美國——不，是整個美洲——都沒有人能寫出那麼好的小說，卻沒有一個書商有鑑賞能力；而我能有機會遇見他並拜讀到他的作品，是上帝對我的恩賜，是我這輩子最大的幸運。」

「這個人的情況不是妄想，而是狂妄自大。」我聽完故事後，糾正道。

「也許，在那位社長眼裡，Frank只是個狂妄傲慢的人。不過，別忘了故事的前半部分內容。」阿傑提醒道，「一開始，Frank是一個對自我有現實評價的人，他不僅有才華，而且為了展現才華而付出了巨大的努力。從這一點來看，就已經遠遠比那些光說不做、眼高手低的人要出色得多。可惜，經過了長達十年的懷才不遇，他為了持續保持對寫作的熱情，在面對一次次失敗的投稿之後，要不斷增強對自我的肯定，否則難以堅持下去。在這一過程中，對自我的肯定逐漸加強，不再以現實為標準，反而是為了對抗現實的打擊，漸漸發展為盲目的自信，最終變成了Stuart在故事結尾說到的那個樣子。」

「如果這樣分析，的確可以把Frank的心理變化過程看作是一個不斷糾正認知失調而最終矯枉過正的個案。」我點點頭，表示贊同。

「這個悲劇的背後，其實還有另一個涵義，用我們最初的那次談話主題來講，就是：為了面對險惡的世界而強大起來的內心，也可能會『大』到擋住自己的視線。」阿傑說。

如果我會讀會寫

「剛才的故事給我們一個新的視角來看今晚的主題——自我察覺的目的是什麼？除了那些非常喜歡自省的人，大多數人為了應付艱難的生活，不得不把注意力從自身移開，投向眼前的困難。提升自己，讓內心強大，這對許多專注於解決現實問題的人來說，根本算不上是一種好的思路。」阿傑話鋒一轉，說道。

鎮上最糟糕的工作就是藥店的看門人了，可憐的 Zack 卻只能做這個，因為他既不會讀書也不會寫字，沒辦法找到其他更好的工作。可是，一天，一位野心很大的年輕人成為了藥店的主管。新官上任三把火，年輕人重新替藥店的工作人員分配工作。他告訴 Zack 說除了看門以外，Zack 還要寫一份報告，記錄每天來的人數，以及顧客對藥店的評價和建議。

Zack 只好坦誠地對年輕人說自己很想完成工作，可是自己既不會讀也不會寫。年輕人對此表示很遺憾，不過他不得不辭退 Zack。Zack 試圖辯解說自己在這裡工作了一輩子。年輕人再次表示遺憾，說願意為 Zack 支付賠償金。

Zack 瞬間感覺自己的整個世界轟然崩塌了，他從未想過失去這個工作。他該怎麼辦呢？Zack 想起以前工作時，當藥店的桌椅壞了的時候，他就能將桌椅很快地修好。或許眼前他可以藉此謀生。唯一的問題是他手裡只有一些已經生了鏽的釘子。Zack 決定用一部分賠償金買一個有很多工具的工具箱，可是這個鎮子裡沒有五金店，Zack 只好騎上騾子到另外一個鎮子買。

Zack 回來的時候帶了一個擁有全套工具的工具箱。回來沒多久，鄰居就敲響了 Zack 家的門，向他借一把錘子。Zack 感到很難辦，因為他的確有一把錘子，不過這是為了用它工作。不過，Zack 最後還是答應了鄰居的請求，但要求對方第二天早上還給自己。第二天早晨，鄰居再次敲響 Zack 的家門，可是卻說自己還需要錘子。Zack 說自己還要靠著它去找工作，如果再買一把需要騎很久的騾子。

鄰居想了想，對 Zack 說自己付給 Zack 往返的費用以及錘子的價錢，讓 Zack 幫自己購買錘子，Zack 答應了鄰居就騎著騾子出發了。可是當他剛剛回到家的時候，又有一位鄰居來敲門，需要從 Zack 手裡買一些工具，並願意支付往返費用及工具的價錢，還會給他一定的利潤。鄰居挑了幾件工具付了錢離開了。

Zack 心想恐怕鎮上有很多人都有像這兩位鄰居同樣的需要吧！於是，當 Zack 再次騎騾子去鄰鎮時，他多拿了一些錢，買了更多的工具。慢慢地，Zack 開始在街上賣各種工具。他每週去鄰鎮採購一次。漸漸地，他租下一間房子，開了鎮上第一家五金店。由於 Zack 比較實在，很受鎮上人的歡迎。

五金店的生意變得愈來愈興隆了。

後來，Zack 想起自己的朋友可以製作錘頭，於是他便請對方為自己打造各種工具。經過十年時間，Zack 成為了非常富有的工具生產商。

富有的 Zack 決定為鎮上捐贈建築一所學校，在學校建成的儀式上，鎮長請 Zack 在學校紀念冊的第一頁上簽名。Zack 深感抱歉，表示自己既不會讀書也不會寫字。鎮長感到非常驚訝，問 Zack 如果會讀會寫的話，會變成什麼樣。Zack 平靜地回答：「如果能讀能寫，我恐怕不會變成今天這樣，依然是一個藥店看門人。」

「這……」我一時不知如何評價阿傑反覆無常的思路，只得說，「……你也太會轉變視角了。」

「有些跟不上我的思路？多喝一口咖啡吧！充分調動妳的灰色腦細胞。」阿傑攪動著咖啡，說，「這個故事其實不難理解。自我察覺，認識自我，固然重要，但我們一開始就說了，這只是起點，不是終極目的。如果被自我所限，給自己貼上標籤，反而有可能看不到出路。」

「喔，我明白了，是『無知』的智慧。」我馬上想起上週的談話。

我，依然是超人

「既然說到給自己貼標籤，那我們不如聊聊心理學上的『皮格馬利翁效應（Pygmalion Effect）』吧！」阿傑看看錶，似乎準備用最後一個故事結束今晚的話題。

「你是說『羅森塔爾效應』吧！是指人對情境的知覺產生期望並與之適應。」我解釋道。

「通俗的說，就是『夢想成真』吧！」阿傑把我的解釋用簡單的方式講出來，「我認為，這其實是一種暗示和催眠。通常，『皮格馬利翁效應』是在被外界影響時產生的，但是，當一個人自我察覺時，是否也會產生這種現象呢？」

今天，也許很多人對克里斯多福．里夫（Christopher Reeve）這個名字感到陌生，但很少有人會沒聽過這個詞——Superman。克里斯多福．里夫就是在一九七八年的美國影片《超人》中那位超級英雄的扮演者。在眾多扮演過超人的演員中，真正用自己的一生去詮釋這一角色的，恐怕只有克里斯多福一人而已。

電影《超人》的主角是一個被地球人撫養長大的外星人，平時，他是一位名叫克拉克．肯特的記者，當人們遇到危險的時候，他就脫掉偽裝，化身為「飛得比子彈更快，力量比火車頭更大」的超級英雄——Superman。他是美國漫畫史上第一位被塑造出來的超級英雄，他強大而公正，單純而白信，每次出現都能將危險解除，那一身紅藍裝已經成為他象徵性的穿著被人們所認識。

如果只是演活了超人，克里斯多福也只不過是眾多影視明星中的一個，甚至不算是最優秀的那一個。不過，他用自己傳奇的一生告訴世人，他是一位能夠在銀幕之外也有資格被稱為「超人」的人。

就在克里斯多福飾演完超人，事業如日中天之時，一場噩夢向他襲來。克里斯多福愛好運動，尤其喜歡參加賽馬活動。在一九九五年的一場馬術比賽中，克里斯多福騎的馬已經跨過了十五個障礙中的兩個，卻在第三個障礙前突然停了下來，巨大的慣性使他一頭栽到地上。醫生診斷的結果對克里斯多福來說無異於職業生涯被判了死刑——他的脊椎嚴重受損，脖子以下全部癱瘓。這場災難讓這位正在事業雲端飛翔的超人重重跌落，他不得已退出了演藝圈。

事故發生後的一段時間裡，克里斯多福也曾對生活放棄希望，甚至想過結束他已經不能再飛翔的生命。但是，克里斯多福想到自己是曾經帶給千萬人希望和勇氣的超人，超人無論遇到怎樣的強敵，無論被擊倒多少次，都會重新站起來，以飛翔的姿態出現在人們面前。他要用自己的親身經歷向世人證明，他依然是超人，依然是那個不敗的英雄。

後來，在太太戴娜不離不棄的照料下，克里斯多福不僅離開病床積極接受復健，更致力於推動胚胎幹細胞的研究。他還成為了脊髓研究的積極宣導者，創立了一所癱瘓病人教育資源中心，並當選為全身癱瘓協會理事長，希望讓更多像他一樣身體癱瘓的患者重新站起來。與此同時，他還四處奔走，舉辦演講會，為殘障人士的福利事業籌募善款。

不僅如此，克里斯多福還重拾對銀幕的熱情，重返螢幕，當起了導演。不僅如此，他還坐著輪椅，出演了希區考克的經典影片《後窗》，突破了自己往日單一的銀幕形象。

業餘的時間裡，克里斯多福用牙關緊咬著筆，進行了艱難的寫作，寫出了自傳《依然是我》，用自己的經歷去激勵世人奮進。在這本傳記中，克里斯多福向讀者講述了自己對超人這一形象的解讀，他尤其希望年輕人「努力得到超人的素質——勇氣、決定、謙遜和幽默——他們應當找到自己內心中的這些素質，而不只是坐在椅子上張大嘴看銀幕上的超人。」

「認識你自己，這是哲學家終其一生也無法徹底解決的難題。可是，對一般的芸芸眾生來說，成為一個理想中的自己，卻是有實現的可能。也許一開始，這種理想只是一種自我暗示，並不是真正的自己——」阿傑見咖啡還剩一些，就停下來喝完最後這一杯。

「——但只要不斷堅信，並不斷以此做為自己一生的行動標準，最後也許能真的變成理想中的自己。」我補充道。

第五個星期六

「成功很遠？也許如此，但幸福也是嗎？」

——快樂的「心」理由

「阿仁最近情況如何？」阿傑一坐下，就問道。

「還是老樣子。我覺得就這樣聽他訴苦，似乎也不能使他的痛苦減輕。每次我和他聊完，都需要花一整天的時間來擺脫當時那種壓抑和悲傷的情緒。」我搖搖頭，答道。

「我擔心的事情終究還是發生了。」阿傑看著我，說，「妳不僅沒讓他好一些，自己反而被拉到他的情緒裡了。」

「但是，我也不能就此放棄他吧！」我問，「你可有什麼辦法能讓他開心一些？」

「下次我去見見阿仁。」阿傑點點頭，「今晚，我還是先為妳『理一理心』吧！既然妳提到開心，那麼不如就把它做為今夜的主題。」

不要去爬聖母峰

「妳看看我們周圍，」阿傑說，「坐在這間咖啡廳的人，在我說這句話的時候，有幾人臉上是帶著明顯的笑容的？」

我隨意地用目光在四周的人臉上掠過，說：「有些人在說話的時候，臉上有轉瞬即逝的笑容。不過，我不知道這算不算『明顯』的笑容。其他人似乎並沒有怎麼笑。」

「妳看，在這座大城市，有這麼多人在這裡生活、工作。每個人的心裡都或多或少有自己的目標，因為這是一個充滿了機遇的地方。為了實現夢想，大家都會忍耐暫時的艱難和辛苦。」阿傑說，「可是，有多少人會把『快樂』這樣一個簡單的事，當成自己的目標呢？」

Manda大學畢業後沒有回到家鄉，她覺得選擇留在這個城市中會有更好的發展。她租住在一間狹窄的房間，很少有真正的週末，一直在努力工作，不斷做出成績，不斷獲得更高的職位——她的目標，是將自身潛能發揮到極限，直至事業的頂峰。

一天在外地出差時，Manda因過度勞累而暈倒在路上，被送進了醫院。她躺在病床上，虛弱而憔悴。床頭的手機此起彼落地響著，有上司催促工作的電話，有客戶埋怨的電話。這時，Manda彷彿看到了未來，意識到即使自己將不久於人世，這種無謂的辛苦卻似乎永遠沒有盡頭。病癒出院後，Manda辭掉了工作，回到家鄉的小鎮，開了一間手工陶藝坊。後來，Manda嫁了一個普普通通的男人。老公上班清閒，也沒有什麼社交，Manda平日裡就聽聽音樂、看看書，或者在後院種花、種菜。夫妻倆過著簡單、從容的生活。

一天，Manda以前的同事Nancy在出差途中經過Manda居住的小鎮，就順便來看望這位曾在職場中叱吒風雲的女強人。她見到Manda時，Manda正悠閒愜意地在籐椅上曬太陽。Nancy說：「我本以為妳只是回家鄉調理身體，沒想到妳竟然就此放棄了當初打拼下的一切！以妳的能力，只要重返職場，一定能獲得很高的成就，為什麼不考慮一下呢？就這樣在小鎮過一輩子，妳不覺得浪費了自己的天賦？」

聽到Nancy的勸說，Manda輕描淡寫地回答：「過去我以為我『需要』成功，『應該』成功，但從沒想過我是不是喜歡那種為了成功而放棄一切的生活。等我想明白之後，我發現自己不想要那種生活。相反的，我喜歡現在這種簡單的生活，讓我有充足的時間做自己想做的事情。」

Nancy搖搖頭，她還是認為Manda的選擇太令人遺憾。聊了一會兒，她聽說Manda的丈夫是生物技術專業的博士，又忍不住說：「就算妳不想出來打拚，不妨在家當專職太太，但至少應該讓妳的丈夫去大城市裡換一份薪水更高的工作嘛！」

「是的，我相信他有這個能力，但他和我的想法是一樣的。我們不需要太多的錢，只要有良好的食物、充足的睡眠和自由的精神就足夠了。人的慾望是無窮的，可是精力和時間是有限的，我們不願意為追求那些東西而消耗太多的精力和時間。」Manda回答道，「如果我們付出大半生的努力，冒著生命被透支的危險，或許能攀上事業的聖母峰，但是，如果我們並不需要這個結果，即使它在他人眼中是無限風光的事，對我們來說又有多大意義呢？」

「這個故事其實算不上故事，故事裡的Manda可能就是我們自己，而Nancy就是我們身邊的人。」阿傑講到這裡，似乎深有感觸。

「是啊，大家都以為自己真的想要追求的東西，很可能是在參考了周圍人的標準之後，認為自己『需要』並『應該』達到的目標。」我也表示贊同。

「可悲之處在於，每個人在他人眼中都如同Nancy眼中的Manda，同時自己在看別人的時候又變成了Nancy，這樣相互影響，相互參考，其實也許根本沒有人真正從心裡想過那樣的生活，卻把它當成了大家公認的標準。一旦從這個循環中跳出來，自己就變成了別人眼中的怪人。」阿傑神情黯然道，「所以，追求自己的快樂，本來是簡單而自然的事，卻變得異常困難了。」

乞丐與玫瑰

「遙遙無期的成功，這或許不是造成所有人失去快樂的理由。」我想起了阿仁，不禁說道。

「是的，《安娜·卡列妮娜》裡有句話：幸福的人是相似的，不幸的人各有各的不幸。」阿傑答道，「想從不幸中擺脫出來，不一定需要像上一個故事中的Manda那樣解決造成不幸的源頭。或許，一次小小的際遇，就可以把一個不幸的人從地獄裡拉出來。」

從前有一個賣花的小姑娘，一天，她賣完了大部分的玫瑰花時發現已經很晚了，於是便決定早點結束工作，回家與家人團聚。就在這時，小姑娘發現路邊有一個乞丐，小姑娘想了想，就決定將賣剩下的一朵玫瑰花送給乞丐。

乞丐收到玫瑰花時非常驚訝，在路燈的照耀下，玫瑰顯得格外美麗。乞丐想自己是否得到了幸運女神的眷顧，感覺今天晚上的一切都變得不同了。玫瑰就像是火種點燃了他，他感到自己並沒有被世界拋棄，這個世界還有天使一樣的人存在。於是，他非常高興地回家了。

回到家中，乞丐在雜亂的房間中找到一個瓶子，灌了半瓶水，之後小心翼翼地將玫瑰花放進瓶中。乞丐坐在一旁，靜靜地欣賞瓶中的玫瑰花。忽然，他發現與玫瑰的美麗相比，瓶子太髒了。於是他趕忙把玫瑰花拿出來，將瓶子清洗一下，之後將花再次放進瓶子中。

做完這些之後，他又坐在一旁，欣賞玫瑰和洗得非常乾淨的瓶子，接著他發現與玫瑰和瓶子相比，桌子實在是太髒了。於是，他就又開始擦桌子，整理桌子上的物品。之後再將瓶子放到桌子上。

弄完這些以後，乞丐又坐在一旁，看著玫瑰、乾淨的瓶子和整潔的桌子。可是，忽然間，他又發現雜亂的房間與這些極不協調。於是，他馬上將整個房間都收拾了一遍，將本來隨便亂放的物品擺放整齊，將放在角落裡的垃圾收拾起來，扔到房間外的垃圾箱中。乞丐發現，整個房間都因為玫瑰花變得美好起來。正當他為煥然一新的屋子感到驚訝的時候，他在鏡子中看到一個蓬頭垢面、衣著破爛的人。他忽然想到自己現在這樣的形象是不應該與美麗的玫瑰、整潔的房間相伴的。

接著，乞丐走出家門，來到公共浴池，洗了這幾年的第一個澡，之後他又來到理髮店理了頭髮、刮了鬍子，並且換了乾淨一些的衣服。當他再次回到房間之中照鏡子的時候，他發現鏡中的自己與之前那個蓬頭垢面的乞丐有非常大的不同，他對著鏡子中的自己笑了笑，揮了揮手，鏡中的自己也對著自己笑了笑，揮了揮手，看見全新的自己，乞丐忍不住流下了淚水。

乞丐明白了，當你對生活微笑的時候，生活也會對你微笑。

從此以後，他不再沿街乞討，而是找到了一份自己力所能及的工作。他努力地工作，任勞任怨，不計較得失，逐漸獲得了其他人的認可。當他空閒的時候，他會站在鏡子前看著自己，一天又一天更加嶄新的自己。他明白，在他面前有一個更美好的生活在等待著他，只要他去努力，就能夠獲得。

現在，他已經擁有非常不錯的生活。而在他的家中依舊放著一個瓶子，瓶子中的玫瑰花已經變成乾花，但在他眼裡依舊如同天堂中永遠盛開的花朵一般鮮活。

「唉，如果一朵玫瑰也能讓阿仁好起來，我明天就去買來送給他。」我嘆道。

「一朵玫瑰對阿仁發揮不了作用的，這原因也許是他並沒有像故事中的乞丐一樣失去一切。當一個人對自己的不幸愈是深刻地瞭解，愈是會被伸向自己的援助之手而感動。」阿傑解釋道。

阿德勒的藥方

「一朵玫瑰花也許對阿仁沒有什麼幫助，但或許對妳有用。」阿傑繼續上個故事的話題方向說道。

「你是想送我玫瑰花嗎？」我看了一眼阿傑亂蓬蓬的頭髮，笑著說，「可惜呀，你不是我喜歡的Type。」

「不要誤會，我對妳這位女博士從來只有敬仰，沒有任何別的想法。」阿傑故意在「任何」兩個字上加重語氣，「我是說：玫瑰花對施予者來說，也是能帶來快樂的。」

Mavis的丈夫剛剛去世不久，一對兒女也在一次飛機事故中不幸罹難。Mavis被無邊的痛苦和巨大的悲傷深深籠罩，她無法面對一個個孤獨而漫長的夜晚，終日以淚洗面。不久Mavis就整天想著要自殺的事情——顯然，她得了憂鬱症。

有朋友帶她去拜訪著名心理學家阿德勒先生。阿德勒問Mavis：「妳最喜歡什麼？」Mavis說：

「我以前最喜歡養花，但是自從丈夫和孩子們走後就再也沒有心情養了，花圃都荒蕪很久了，欣賞的人都不在了，培育花朵還有什麼意義呢？」

「不，怎麼會沒有欣賞的人了呢？事實上還有許多人喜歡它們呢！」阿德勒糾正道，「我給妳開的藥方就是回家後繼續養妳喜歡的花，然後每天清晨送給附近醫院裡的病人們每人一朵。只要妳按照我說的去做，我保證妳很快就會快樂起來。」

於是，Mavis 回家後重新整理已經荒蕪的花圃，翻土、播種、施肥、澆水，很快花圃裡就枝繁葉茂、花團錦簇了。Mavis 每天清晨都親自把一朵朵芳香撲鼻的鮮花送到附近醫院的病房裡，那些花中有康乃馨、玫瑰、蘭草和菊花。病人們都發自內心地感謝她，甚至稱她為「天使」。

這一聲聲讚美，讓 Mavis 感覺到自己是一個對別人非常有幫助的人。慢慢地，籠罩在 Mavis 心中的陰雲逐漸散去，她有了愈來愈多的笑容，愈來愈像一個天使，甚至因此變得更加年輕漂亮。她和醫院裡的病人成了很好的朋友，他們彼此關心，互相照顧。朋友們陸續出院後，經常會寄給 Mavis 熱情洋溢的信件、賀卡或禮物，祝福她快樂。從此 Mavis 每天養花、送花，收穫感謝，接受祝福，她覺得自己是世界上最幸福的人。

「我明白了，你是想說『授人玫瑰，手有餘香』吧！」我說。

「助人為快樂之本，這是我們在念國小的時候就聽到過的話，可是長大之後，大家漸漸只有在獲取時才感到快樂。喔，不對，」阿傑好像想到了什麼，突然打斷自己的話，「現在，對許多人來說，單純的獲取可能都不能獲得滿足了。一切都必須是一種交換，只有在交換中，人們才能放心去品味生活——可是，這樣的生活，味道會很好嗎？」

有一個果農栽培出了一種新品種的葡萄，他希望能夠與其他人一起分享葡萄的美味。他從葡萄架上摘下很多串葡萄，在路邊擺了一個水果攤，想分給來往的行人品嚐。

一個商人路過水果攤，果農叫住他，說：「請品嚐我新培育的葡萄。」

商人吃了一顆葡萄，說：「味道不錯，一串多少錢？」

果農說：「我不是想要賣葡萄，只是想讓你嚐嚐而已。」

商人不解地說：「你憑什麼白送葡萄給我吃？我既然吃了你的葡萄，就一定要給你錢，這才符合道理嘛！」說著，商人給了果農許多錢，拿著兩串葡萄走了。

過了一會兒，來了一位官員，果農遞上葡萄，請他品嚐。官員嚐了也說非常好，他說：「你有什麼事求我幫忙就直接說吧！我不會白拿你的葡萄。」

果農說：「我並沒有什麼事情求你辦，只是想請你嚐嚐葡萄而已。」

官員說：「如果我不能幫你什麼忙的話，就不能白拿你的葡萄。」說著，官員將手中的葡萄放下，也走了。

又過了一會兒，一對情侶路過水果攤，果農依然請他們品嚐葡萄。那女孩嚐了嚐，覺得非常好吃，她的男友問：「這葡萄多少錢，我全包了。」

果農答道：「不要錢，如果你們喜歡，就全部拿去吧！」女孩聽了很高興，可是男孩用懷疑的眼神盯著果農，拉著女孩離開了——他想：這個男人的好意背後一定藏著對自己女友的色心。

最後，一個穿得破破爛爛的老乞丐走過來，果農將葡萄遞給他，說：「請嚐嚐我的葡萄吧！」

老人接過葡萄，邊吃邊讚道：「這葡萄非常甜，真是太好吃了。」

「在這個商業時代，一切免費的東西背後似乎都有一個商業的目的，單純免費的東西，大概只剩下陽光和空氣了。」阿傑嘆道，「可是，快樂無法用價格去衡量，心裡總是在替看到的東西估價，最後恐怕只能像葛朗台一樣靠數錢幣來獲得滿足了。」

九十九國

「如果真的有人把數錢當成樂趣，這也不是什麼奇怪的事，畢竟，財富是衡量一個人成功最直觀的標準之一，數錢當然能給人一種成就感。不過，就算是數錢，也有兩種不同的方法，會導致完全不同的結果。」阿傑說。

「我只會從零開始數，除此之外還有什麼方法？」我問。

「還有一種方法，就是從一百開始，往九十九數。」阿傑笑著答道，「會這樣數錢的人，都是『九十九國』的人。」

從前，有一位國王，他的國家不僅疆域遼闊，而且非常富有。照理說，他應該感到非常滿足，可是並非如此。國王自己也不明白到底為什麼會不滿足。他不斷舉辦盛大的宴會，觀看激動人心的表演，和美麗的嬪妃們一起四處遊玩，可是等到這些活動一結束，國王還是會覺得自己的生活中少了點什麼。

一天，國王在王宮中閒逛，走到王宮廚房的時候，忽然聽到有人在大聲唱著歌。唱歌的是一位普普通通的廚師，他的快樂從歌聲中充分表現了出來。國王感到很奇怪，就派人把廚師叫來，問他為什麼這麼快樂。廚師回答說，自己雖然只是一個普通的廚師，可是並不追求豐厚的薪水或高貴的地位，只求能夠溫飽就行了。他快樂的秘密來自於家庭，家人就是他的快樂泉源，無論他帶回家什麼，哪怕只是一件非常小的東西都能夠讓家人感到開心和滿足，看到家人快樂的笑臉，自己也能保持天天快樂的心情。

聽完廚師的話，國王還是不能理解，他叫來了宰相，問道：「我身邊的這些貴族不斷要求我增加他們的封地和爵位，我也不斷滿足他們，從這些人的臉上，我都看不到真正開心的笑容，為什麼那個小廚師能滿足於簡簡單單的生活呢？」

宰相想了想，回答說：「陛下，我們這個國家的人，其實都是古時候九十九國的後代，這個廚師也不例外。他與我們不同，是因為內心九十九一族的本性沒有被喚醒。」

國王第一次聽說「九十九國」的事，他非常吃驚，問宰相：到底什麼是九十九一族？

宰相說，與其用語言解釋，不如用一個實驗讓廚師心中「九十九一族」的本性覺醒。於是，按照宰相的提案。國王命人在一個布包中放入九十九枚銀幣，然後把布包放在廚師家的門口。宰相說，接下來只要觀察廚師的變化，就能知道什麼是九十九一族的本性。

廚師回到家的時候，發現了放在門前的布包。他把布包拿進屋子，打開一看，發現裡面全是銀幣。他非常高興——這些錢可以為他的妻子和孩子們買多少新衣服呀！廚師將銀幣倒在桌子上數，發現銀幣的數量是九十九枚。他想，誰會按照九十九這個數字去存錢呢？本來應該有一百枚銀幣才對吧！這樣一想，他反覆數了幾遍，發現依然是九十九枚——剩下的一枚到哪裡去了？

抱著這個疑問，廚師開始不斷尋找最後一枚銀幣。可是，他在家門附近轉了幾圈，依然毫無所獲。他非常沮喪，決定從第二天起努力工作，再賺到一枚銀幣，好湊齊完整的一百枚銀幣。

由於前一夜不斷在想銀幣的事情，廚師久久難眠。第二天，他起得很晚，心想：這下糟了，我應該比過去更加努力才能賺到一枚銀幣，怎麼反而偷懶了？這樣一想，他的情緒變得很不好，大聲地責怪家人沒有叫醒自己，耽誤了自己早日實現擁有一百枚銀幣的夢想。他匆匆忙忙趕到皇宮的廚房，也不再像往常一樣邊幹活邊唱歌，而是將全部精力都集中在工作上，完全沒有發現在一旁觀察他的國王和宰相。

國王問宰相：「這到底是怎麼一回事情啊？有了九十九枚銀幣，這個樂觀的廚師本應該高興才對，怎麼反而完全失去了快樂，換上這麼一副愁容——就像那些貴族一樣。」

宰相嘆了一口氣，回答道：「陛下，你現在看到的，就是已經做為九十九一族而覺醒的廚師了。我們九十九一族的人，在看到類似九十九枚銀幣這樣的事物時，會聯想到它變成一百枚銀幣的可能，為了那根本不存在的一枚銀幣，就算要放棄九十九枚銀幣帶來的快樂，也在所不惜——這就是我們九十九一族的悲劇命運。」

「這就是數錢的第二種方法導致的結果，」阿傑總結道，「在一無所有的時候，所有人都是從零開始數，可是數到第九、九十九、九百九十九的時候，那個『一』就算本來沒有，也會在人的心裡投下揮之不去的陰影。除非你根本不能從數錢中獲得任何樂趣，否則，將難以逃脫這『九十九一族』的詛咒。」

堅定的清潔工

「剛才的故事有些太沉重了吧！」我說，「的確，慾望總是一點點膨脹，但也不是不可能擺脫的。比如說，同樣是撿到錢，會佔為己有，這就是貪心的開始；如果一開始就不貪那九十九枚銀幣，自然不會因為那不存在的一枚銀幣而失去自我了。」

「妳說得很對，很多時候慾望似乎有一個開關，一旦打開就很難關上，所以，最好的辦法就是不要打開它。」阿傑點頭道。

Spark是一個路牌清潔工，他每天早上七點準時出門，穿著藍色的工作服，帶著藍色的梯子、桶、刷子、抹布。多年來Spark都負責同一條路線，這條路線上有一片以音樂家與作家為名的街區，例如莫札特路、蕭邦廣場、貝多芬大道等。Spark非常喜歡自己的工作、尤其喜歡那些以名人命名的街道和路牌。他原本以為，自己的一生不會再有如何改變。

有一天Spark聽到一個小孩對他的媽媽說：「媽媽，我知道，這是格盧克路。」那位母親笑著說：

「沒錯，格盧克是一位作曲家，這條路就是以他的名字命名的。」

Spark望著這一幕，心想：「我天天在這條路上工作，天天擦拭寫著「格盧克」字樣的路牌，可是我對格盧克的瞭解竟比小孩子還少。不，我不能再這樣下去了。」此刻，Spark做出了一個決定，一到下班時間，他便騎著單車一路狂飆回家。

從這一天起，Spark開始花時間認識路牌上的音樂家與作家。他開始看報紙、他開始去聽音樂會──他的生活逐漸變得與過去截然不同。透過不斷聽古典音樂，不斷去圖書館查閱相關資料，閱讀那些名人的傳記，Spark漸漸熟悉了這些名字以及它們背後的故事，那些過世已久的音樂家和作家，似乎成為了與他交往多年的好友。

漸漸地，Spark開始在工作中背誦自己喜歡的文字。於是，行人們又會看到這樣一個清潔工，他一邊洗洗路牌一邊背誦詩詞或故事。但是，人們往往搞不清楚這個人的真實身分：如果他是研究文學和音樂的人，那就是大學裡的學者和教授，可是他每天都在馬路上做清潔工作，看起來又只是一個清潔工而已。

許多年過去了，Spark研讀完了所有與這條路上出現的名字有關的書籍，可是依然保留著那個習慣，在工作的時候，還是會背誦一些與文學與音樂有關的故事。愈來愈多的人開始注意到他，Spark也會偶爾在擦拭完最後一塊路牌之後，為圍觀的人們進行一次即興演說。此時的Spark還沒有意識到，自己的生活已經完全改變了。

一天，一個著名的電視節目組採訪了Spark，節目播出後，Spark一夜成名，各種邀請、簽名、信件像雪片般飛來。有多家大學邀請他去擔任講師。Spark婉拒了所有邀請，他說：「我不是學者，當不了教師。我只是一個清潔工，我喜歡整天擦路牌，至於講故事、演講，都只是我的消遣而已。」

於是，Spark始終如一地做了一輩子的路牌清潔工。

「這樣的人真是幸福啊！」我讚嘆道。

阿傑點點頭，繼續分析：「一生專注於愛好的人，很可能會獲得機會，用愛好去換取名利。對那些庸庸碌碌追逐名利的人來說，可能永遠也無法理解一個人堅持讓自己的愛好保持在『無用』的狀態下。這讓我想起《莊子》裡面的一個故事。一個諸侯聽說莊子是一位賢人，就命人請他去當官。莊子反問來使：『我聽說大王將一隻死了千年的神龜遺骨供奉在廟堂之上，你們說，那隻神龜是覺得活著在污泥中爬行快樂，還是死後被王侯供奉更快樂呢？』來使說，當然是活在污泥中快樂了。莊子說：『沒錯，我也選擇活在污泥中。』」

「這段古文我也有讀過。」我說，「愛好帶來的是自由的樂趣，一旦與名利掛鉤，就失去了自由，自然也就沒有樂趣可言了。」

「所以說，快樂是無價的啊！」阿傑說。

心理學家的女兒

「快樂與自由，兩者的關係其實很是微妙。」阿傑說，「莊子的選擇，可以說是『自由的快樂』，可是事實上，自由未必會帶來快樂，反而可能會導致不好的遭遇。如果能迴避那些遭遇，是不是應該在適宜的情況下放棄自由呢？」

在加拿大 McGill 大學進修心理學的 Norman，去參加導師 Edwin 女兒的婚禮時，他驚訝地發現新娘 Zora 只有十九歲，她還沒有大學畢業，並且學的是印地安語系，一點都沒有繼承 Edwin 的光榮衣缽，而新郎 Caleb 既沒錢也沒地位。

Norman 心理覺得特別可惜，終於一次集體討論課後 Norman 忍不住問導師：「為什麼您不指導女兒走一條更好的路？」

Edwin 問：「什麼是更好的路呢？」

Norman 邊想邊說：「比如讓她選擇一個好的專業。」

Edwin 又問：「你所說的好專業是什麼專業呢？」

「例如應用心理學、金融、國際關係等這些比較熱門的專業。」Norman 答道。

「然後呢？」

「然後進入很好的機構或公司，成為有所建樹的專業人士，然後嫁給一位各方面條件很好的男子，過著幸福的生活。」

Edwin 笑著說：「可是，我現在清楚地知道，Zora 目前非常幸福。如果我當時粗暴地阻止 Zora 和 Caleb 來往，如果我強迫她去學她不喜歡的金融，她因為種種原因順從於我，或許她會因此進入很好的機構，會找一個比 Caleb 更有地位、有錢的丈夫。但是，然後呢？她做著自己不喜歡的工作，嫁給了自己不喜歡的男人，然後，她會在某一個夜晚突然醒來或是久久不能睡去，她會發現自己的人生了無意義。很有可能在自我暗示失敗後，她最終會患上憂鬱症，成為我的患者。」

Edwin 藍色的眼睛裡閃爍慈愛的光芒接著說：「現在，她學了一個很冷門的專業，她太早結婚，她太早經歷為人妻、為人母的生活艱辛，她耽誤了學業，她將來很可能失業，或者不得不去萬里之外的某個貧民窟工作，不僅缺吃少穿，還要擔心被傳染各種疾病。這一切糟糕的後果，我幾乎都能預見。但是，我更知道，Zora 不會抱怨，在經歷的那些艱辛中，她會積極尋找幸福的蹤跡，如此，她的人生才是完整的。我相信，如果她覺得不幸福，她發現自己走錯了路，她一定會收穫很多經驗和教訓，並自己走回來；如果她感到幸福，那麼這條路對她來說就是對的，我祝福她。總之，她的人生要由她自己去選擇。」

「為人父母，多少都明白『路要自己走』，可是又不希望子女走彎路，更不願看到子女遭遇不幸——如果這不幸是自己預料之中的，更令人難以忍受。」阿傑看著我，問，「假設妳也有這樣一個『不聽話』的女兒，妳會讓她選擇自己的道路嗎？」

「當然，我會的。」我馬上回答，不過，在想了片刻之後，我又補充道，「嗯，其實也不一定。等我真的有了孩子，看到她有可能遭遇不幸，應該還是忍不住要教導她如何迴避吧！」

「不過，她一定不會聽妳的話，她會認為妳思維頑固，會認為妳把自己的理想和希望強加到她身上。她會用這樣的話反擊妳：『我認為，生活重要的是過程，媽媽』。那時，妳怎麼辦呢？」阿傑一口氣說道，「對追求自由的人來說，遠方的不幸是難以感知和認識的，最容易認知的幸福和快樂，都源於當前——選擇的自由。」

「所以，只能讓她自己去體驗，用自由去換取經驗。對嗎？」我嘆道。

「這讓我想起另一個著名的故事。一個富人到海灘度假，看到一個漁夫在悠閒地曬太陽，就去問他為什麼不去工作賺錢。富人為漁夫規劃了人生的圖景，列舉了努力工作的各種好處。最後，漁夫問，你自己就是按照這樣去生活的，你努力工作賺錢，辛辛苦苦獲得了來到這片海灘度假曬太陽的機會，可是，我沒有這麼做，現在也和你一樣在曬太陽。」阿傑一口氣快速講述了這個故事，問道，「妳覺得，付出了這麼多，結果富人和貧窮的漁夫享受到的陽光和海灘是一樣的，那麼富人的努力真的是白費了嗎？」

「不一樣，」我理解了這個故事的涵義，答道，「富人獲得了選擇生活的自由，而在海灘曬太陽是漁夫唯一的休閒選擇。」

老鼠的寶物

「今晚的話題，看起來非常簡單，卻也非常不簡單，」阿傑沒有去握咖啡杯的杯柄，而是用整隻手握住杯身，看起來像是握住了一個酒瓶，「俗語說『知足常樂』，只要不貪心，快樂就很簡單。」

從前，有一隻好面子的獅子，因為爭奪一塊領地失敗，而非常煩惱，牠甚至想要自殺。獅子煞費苦心地選擇自殺的方式，牠想跳海，可是又擔心身體被鱷魚吃掉，那樣死實在是太窩囊了；牠想墜崖，可是又擔心粉身碎骨，那樣死實在是太可怕了；牠想上吊，可是又害怕其他動物嘲笑自己，那樣死實在太可悲了。就這樣，牠想死卻死不成，簡直生不如死，痛苦至極。

一天，獅子發現了一隻快樂無比的老鼠。老鼠從每天清晨起就高興極了，牠會很享受地曬太陽，會很用心地寫詩，很歡愉地唱歌、跳舞，牠似乎從來沒有一點點煩惱。獅子心想，雖然自己丟了領地，可是怎麼也比老鼠威風多了，憑什麼稱霸一方的自己痛苦得要死，而一隻卑微的老鼠卻無憂無慮？牠想那隻老鼠一定有什麼快樂的秘訣。於是牠把老鼠捉到了洞裡，逼迫老鼠說出牠快樂的秘訣，否則就吃掉牠。

老鼠說：「大王，我實在沒有什麼秘訣，我只是和大家一樣活著而已。」

獅子不信，說：「不可能，和煩惱有原因一樣，快樂也總是有原因的。」

獅子見老鼠遲遲不肯說出快樂的秘訣，牠想起聽說過的事情。牠聽說老鼠的習性是收藏東西，說不定這隻老鼠快樂的理由就是收藏了什麼珍貴的寶貝。於是，牠命令老鼠拿出自己最心愛的寶貝。

老鼠終於承認：「如果您這樣問，那我承認，我的確有件心愛的寶貝，一顆神奇而偉大的寶貝，它能給大地山川光明，給所有的動植物溫暖。我每天早上看到它就會很開心，我會為它唱歌、跳舞，我會發自心靈深處寫出讚美它的詩。」

「那就快點拿出來給我看。」獅子催促道。

「根本不用拿出來，因為它就是太陽，難道您沒有擁有它嗎？」老鼠說。

獅子生氣的說：「你在逗我玩嗎？太陽算什麼稀罕的寶物，無論是誰都有資格曬太陽。」

老鼠反問：「不對呀，太陽很寶貴的。您想想，沒有太陽，我們的生活會是怎樣呢？」

獅子從來沒有想過這個問題，所以很吃驚，當牠試圖想下去，發現這個假設實在太可怕了：如果沒有太陽，那麼就永遠沒有白晝；如果沒有太陽，那麼就永遠是一片寒冷的冰天雪地；如果沒有太陽，根本沒有生物能繼續活在世上。

原來，太陽真的是最寶貴的財富呀！

後來，獅子放了那隻快樂無比的老鼠。每當牠遭遇挫折的時候，就跑到最高的岩石上曬曬太陽，只要這樣做，牠就感到十分幸運，因為太陽永遠能夠照耀自己，為自己帶來光明與溫暖。後來，牠也和老鼠一樣，成了一隻快樂無比的獅子。

「我在讀國中的時候，老師曾經教我們玩一個遊戲，我至今沒有忘記。遊戲的內容是讓每個人在一張白紙上寫下十個對自己來說最重要、最寶貴的人或者事物，然後，每個人再從這十個詞中劃掉一個，因為這次只能保留九個最寶貴的人或事物。這個遊戲的過程，就是不斷重複劃掉那些詞，直到剩下最後一個。」阿傑繼續用那姿勢握著杯子，說道，「這個遊戲的最後，有些女生都忍不住哭了。大家沒想到，自己的生活中有這麼多重要的人和事物，只有做出可能會失去他們的假設時，才會發現其寶貴。」

「這個遊戲的涵義很深，不過，對國中生來講，是不是有些過於殘酷了？」我問。

「我認為老師教我們這個遊戲是對的，它讓我們在那個容易頭腦發熱、容易輕易對人發脾氣的年紀，提前學會了讓自己冷靜下來的辦法。」阿傑答道，「而且，隨著年齡的增長，我愈來愈發現，當你嘗試替生活做『減法』的時候，你才能更容易學會滿足並珍惜身邊的日常。」

被上帝寵愛的人

「獅子的故事，是提醒我們發現生活中那些已經獲得的寶物。這是獲得快樂最簡單有效的方法之一。」阿傑說。

「之一？那就是還有其他簡單有效的方法了？」我問道。

「當然有。如果已有的東西都不能讓你滿足，你也不知道自己到底要什麼，那就把你已有的東西都分給別人吧！」阿傑答道。

一個年輕人坐在一堆金子上，卻伸出雙手，向每一個路人索取著什麼。

當他向一位路過的老人伸出雙手時，老人問：「孩子，你已經擁有了這麼多的金子，你還在索取什麼呢？」

「您不知道啊，我雖然擁有這麼多的金子，但是我不滿足，我還想要榮譽、愛情和成功。」年輕人說。

這位老人其實是上帝的化身。他對年輕人說：「既然如此，我就把你要的給你。」說完，上帝從口袋裡掏出榮譽、愛情和成功，通通遞給了年輕人。

一個月後，上帝來看望年輕人，發現他依舊在向路人伸手索取，不同的是這次他身旁坐著的是黃金、榮譽、愛情和成功四樣東西。

「孩子，你想要的，我都給了你，難道你還不滿足嗎？」上帝問。

「您不知道啊，雖然我有了這麼多東西，但我還是不能滿足，我還需要快樂和刺激。」年輕人說。

於是，上帝又從口袋裡掏出了快樂和刺激，給了年輕人。

一個月後，上帝又來看望年輕人。上帝發現，儘管已經擁有金子、榮譽、愛情、成功、快樂和刺激，年輕人卻仍舊在向路人伸手索取。

「孩子，你已經擁有了所有你想要的，怎麼還在乞求呢？」上帝問。

「您不知道啊，儘管我已經擁有了比別人多許多的東西，但是我仍然不滿足，上帝啊！請您把滿足賜給我吧！」年輕人說。

上帝說：「孩子，我口袋裡是沒有滿足的。不過，你應該早點提出這個要求，那樣的話，我一開始就能教你如何獲得滿足——很簡單，你把你所有的一切都送給需要的人，然後就會知道獲得滿足的辦法。」

聽到這話，年輕人點了點頭。

又過一個月，上帝又來看完這位他所寵愛的年輕人。他發現這個年輕人依然站在他一直停留的地方，正在把身邊的東西送給別人：他把金子給了貧困的人，把愛情給了缺少愛的人，把榮譽和成功給了挫敗的人，把快樂給了憂傷的人，把刺激給了冷漠的人。人們接過年輕人給予的東西後，感恩戴德而去，最後，年輕人已經一無所有，他卻第一次露出笑容。

「我的孩子，現在，你知道如何獲得滿足了嗎？」上帝問。

「知道了！」年輕人笑著回答，「原來，滿足就藏在給予的懷抱裡。當我索取時，剛剛獲得了一種滿足，又產生了新的不滿，永遠沒有窮盡；而當我給予時，人們的一句道謝讓我滿足，我自己高貴的品德讓我滿足。」

「這個故事，讓我想起王爾德的《快樂王子》。」我提到了我學生時代讀到的故事中最喜歡的一個。「雖然當時我覺得那是個悲劇，看得我忍不住要哭，可是我曾經做過志工，明白那種奉獻的滿足感並不是小說家虛構的概念。」

「是的，這和送給別人一朵玫瑰看起來相似，卻更難做到。將自己的所有物盡可能地贈與給需要的人，甚至有可能讓自己的利益受到損害——當一個人這樣做的時候，會很容易產生一種悲天憫人的情懷，從而跳出狹隘的自我，融入到群體中。」

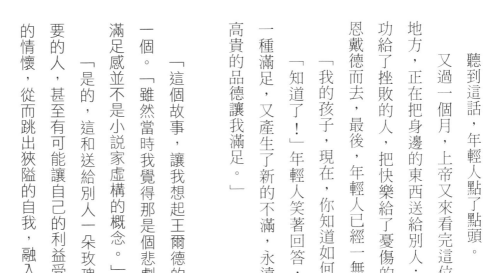

不要離幸福之河太近

「在人際關係中，合適的距離感是十分重要的。」阿傑又引起了新的話題，「其實，距離感不僅在人與人的關係中很重要，在人與幸福的關係中也一樣重要。」

有一個叫近福的人住在一條河邊。河水清澈而甘甜，每當近福勞動累了的時候，他就到河邊喝水。對他來說，這條河可以說是一條幸福之河。

一天，近福又來到河邊喝水，喝著喝著，他突然想到，如果有一天這裡的河水乾了，自己就必須去很遠的另一條河取水，而那條河水十分渾濁，味道根本無法與這條河相比。為了避免這種事情發生，必須想好對策。

第二天，近福想到了辦法，他決定挖一個水窖，把那好喝的河水儲存起來，這樣就不怕以後河水乾涸而沒有水喝了。不過，如果想要儲存足夠他喝一輩子的河水，就應該挖一個非常大的水窖。因此，近福每一天都非常賣力地挖水窖，想把水窖盡量挖得大一些。可是，挖了很久，他都覺得挖得不夠大，每天都非常疲憊。

一天，一個路人看到近福在賣力地挖坑，就問他要用這個坑做什麼。聽了近福的解釋以後，路人嘲笑他說：「你這人，真是聰明反被聰明誤。你就住在河水的附近，本來就擁有喝不完的河水，想喝過去喝就好了，何必要累死累活地挖水窖呢？如果河水乾涸，說明遭遇大旱，到時候這附近就連生活都無法維持，你不得不舉家遷徙，而那時也無法把水窖帶走，所以還是白費氣力。」近福聽了覺得有理，就放棄了。

又過了幾天，近福到河邊喝完水之後想，雖然可以不考慮河水乾涸的問題，但還是有河水改道的風險。如果以後河水改道了，我還是要跑到很遠的地方喝水。這時，一群魚在他眼前遊過，近福靈機一動，他想起上次路人的話，只要離河水近，就可以無憂無慮，那麼如果生活在河裡，無論什麼時候都能喝到好喝的水，就算河流改道也不會有任何問題，豈不是萬全之策？

想到這兒，近福不再猶豫，縱身跳進河中。沒過多久，他就因為喝進去太多甜美的河水而淹死了。

「故事中的人名叫『近福』，其寓意為『離幸福很近』。既然幸福近在咫尺，因杞憂而煩惱固然是徒勞，貪圖離幸福更近也往往適得其反。」阿傑總結道，「在現實生活中，這種與幸福的『距離』常常與想像有關。」

重病患者 Albert 和 Colin 同住在一間病房裡，病房很狹小，只有一扇窗戶可以看到外界。Albert 的床靠近窗戶，他可以每天下午起身坐上一小時。Colin 則不得不日夜躺在病床上。

每次靠窗的 Albert 被扶著坐起來時，都會描繪窗外的景致給 Colin 聽。窗外是一個公園，公園裡有一片湖水，湖內有一群鴛鴦和天鵝。一對對年輕的戀人在樹蔭下手挽著手散步。公園的一角有鮮花盛開。在另一角，有一個網球場，那兒正進行一場精彩的比賽。在公園的盡頭是一排商店，後面的市區隱約可見。

Colin 每次都津津有味地聽著，每一分鐘對他來說都是一種享受。他聽著 Albert 栩栩如生的描述，彷彿親眼目睹了窗外發生的一切。

一天下午，當 Colin 在聽 Albert 描述窗外風景的時候，突然產生一個想法：為什麼只有靠在窗邊的人才有觀賞窗外風景的權利呢？為什麼靠著窗戶的人不是我呢？他愈想愈不是滋味，愈想愈難受，可是，他也找不到什麼理由和 Albert 換床位。

一天晚上，Colin 正盯著天花板想心事，Albert 忽然醒來，並開始大聲咳嗽，急促呼吸，兩手摸索著。他在找電鈴按鈕，只要電鈴一響，值班的護士就會立刻趕來。看到這一幕，Colin 內心產生了一種邪惡的想法——如果 Albert 死去，那個床位就屬於自己了。於是，他一直紋絲不動地看著，沒有幫忙。

第二天早上，Albert的屍體被靜靜地抬了出去。

過了幾天，Colin提出把他挪到窗戶那張床上去。如他所願，醫護人員將他抬了過去。當病房裡只剩下Colin一個人時，他掙扎著，用胳膊肘撐起身體，懷著激動興奮的心情，氣喘吁吁地望向窗外……

終於，他看到了那去世的室友一直注視著的東西——一面光禿禿的牆。

「……又是一個悲傷而諷刺的故事。」我沉默了片刻，不知如何評論，只能這樣說。

「幸福，對那些與幸福有距離的人來說，就是一種『得不到的東西』，因為它之所以看起來很美，就是因為存在那一段距離。一旦消除了距離，對幸福的想像也蕩然無存。」阿傑一針見血地總結道。

你只需要一顆心

「在我看來，無論是幸福還是快樂，都像是一群小鳥。當人們向牠們靠近時，牠們會逃離，當人們不再刻意追求，順其自然時，牠們又在人們四周散步。」阿傑忽然若有所思地說出這個獨特的比喻。

「也許，真是如同你說的這樣，幸福和快樂，不是那種刻意去追尋的東西，要獲得它們，或許只要順其自然就好。」我說。

「對大多數人來說，最基本的幸福，也許就是保持健康的身體了。」阿傑補充道。

在倫敦湯普森急救中心接待大廳的醒目處，銘刻著這樣一句話：「你的身軀很龐大，但你的生命需要的僅僅是一顆心。」說這句話的是美國好萊塢最胖的電影明星利奧·羅斯頓。

利奧·羅斯頓腰圍六·二英尺，體重三百八十五磅，醫生曾多次建議他減少演出，注意節食，以身體為重，但利奧·羅斯頓都不以為然。一九三六年，羅斯頓在倫敦演出時因心肺衰竭被送進了湯普森急救中心，儘管醫院用了當時最先進的藥物和醫療器材，最終還是沒能挽救他的生命。利奧・羅斯頓在彌留之際留下了「你的身軀很龐大，但你的生命需要的僅僅是一顆心」的臨終遺言。為警示後人，湯普森急救中心院長、著名胸外科專家哈登決定把羅斯頓的遺言鐫刻在醫院接待大廳的牆上。

轉眼四十七年過去了，一九八三年夏天，湯普森急救中心接收了一名病危病人——美國石油大亨默爾。他在談一筆生意時，忽然暈倒在談判桌，診斷的結果也是心肺衰竭。重病中默爾依然沒有忘記他的生意，他不但包下了急救中心的一層樓，為方便傳達指令，還安裝了聯繫總部、分部的電話及傳真機。

一天，默爾散步到院中心的接待大廳，看到了「你的身軀很龐大，但你的生命需要的僅僅是一顆心。」的警示語，頓時陷入了沉思。他請來醫生詢問這條警示語的由來，聽完來龍去脈後，默爾駐足了很久，才神情凝重的緩緩離開。

一個月後，默爾病癒出院後的頭件大事，竟然是賣掉了資產已達數千萬美元的公司。然後帶著家人，去蘇格蘭鄉下的別墅，過起了世外桃源的生活。

默爾的奇特舉動，引起了外界的紛紛猜測，但默爾拒絕了所有的採訪。後來，人們在默爾的自傳中看到這樣一段話，才解開了謎底：「這個世界上，不知有多少人日夜在為金錢拼命，賺了一百萬還想賺一千萬，有了一千萬又想賺億萬，可是到頭來究竟得到了什麼呢？我之所以要這樣做，只不過是汲取羅斯頓的教訓罷了，他那句臨終遺言『你的身軀很龐大，但你的生命需要的僅僅是一顆心』讓我大徹大悟。富裕和肥胖沒什麼兩樣，不過都是獲得了超越自己需要的東西罷了。多餘的脂肪會壓迫人的心臟，多餘的錢會拖累人的心靈，多餘的追逐會增加生命的負擔。要想獲得健康和自在一點，就必須尊重自己的生命，捨棄那些『多餘』的東西。」

「我們談論了關於幸福和快樂的種種問題，回歸到基本，還是要身心健康，把身體和心靈上多餘的東西捨棄，順應自然，快樂或許並不是那麼遙遠。」阿傑站起身來，總結道，「關於阿仁，我也是這樣想的，無論他過去經歷了什麼，恢復身心健康才是最根本的問題。」

我點點頭，在今晚的談話結束之時，把阿仁的名片遞給了阿傑。

第六個星期六

「是和彼得・潘說再見的時候了。」

——終生成長的「心」啟動

「喂，我正在路上，馬上就到。」阿傑在手機裡說道。

過了一會兒，阿傑走進咖啡館，大步向我走來。

「不好意思，這次是我遲到了。」阿傑坐下，給自己倒上咖啡，「總算是和阿仁談完了。」

「結果怎麼樣？」我急切地問。我已經有一個星期沒有去找阿仁，打電話，他也說在忙，沒有時間見我。我實在不知道自己做了什麼讓他突然對我如此冷漠。

「不用擔心，他現在的情況比較穩定。」阿傑給自己倒完咖啡，發現我的杯子已經空了，又替我倒了一杯，「他說，等整理好自己的心情，會主動來找妳，這之前妳不用擔心，我已經替他介紹了一個心理醫生，他願意去接受藥物治療了。」

「真的？你是怎麼做到的？」我詫異地看著阿傑，問道。

「一言難盡，唉，」阿傑嘆了一口氣，說，「說到底，他的問題可能還是在童年時期父母離異造成的。不過，他現在的問題是『彼得潘症候群』，也就是『沒長大』。」

總裁缺少的東西

「彼得潘症候群並非嚴格意義上的心理學概念，可以歸為心理上處於兒童期的依賴型人格障礙。」我聽完阿傑的話之後，不由得想起這個名詞的解釋，「沒想到我和他談了那麼多次話，竟然沒有發現這一點。」

「妳是關心則亂，內心對阿仁懷有複雜的情結，當然無法客觀判斷。」阿傑說，「當然，我也沒有這樣專業的水準，我還是和阿仁談過一次之後，專門找人諮詢過，才知道這個概念的。不過，在我這個非專業的人眼中，『長不大』並不罕見，有些人可能到老也有些幼稚的地方。」

David 在五十歲的時候才從父親的手裡接過集團公司的管理權，當上了集團公司總裁，而他的父親這時已經七十歲了。實際上，這些年來，David 一直在父親身邊工作，一些對公司有益的計畫就是 David 提出的。一些員工私下議論認為總裁早就該讓位給兒子了。

可是，總裁覺得 David 缺少某種智慧，但是無論如何，他都無法幫助兒子獲得這種智慧，因此只能繼續掌控公司，然而 David 並不理解父親的一片苦心。

David 成為總裁以後，父親徹底從公司的管理事務中退出。David 全面執掌公司以後，提出了不少有益於公司的計畫，很快，這些計畫為公司帶來了大量財富，公司的市值也大幅攀升，David 也變得愈來愈驕傲。幾年以後，公司出現了一些問題。一直在與 David 公司競爭的企業瞄準了 David 的缺陷，運用挖牆角的方法，從 David 公司中挖走了幾個基層職員，給予他們更高的職位和薪水。David 知道以後完全不在意，他相信自己的智慧和能力。

在公司的實際管理中，David 不僅對基層職員呼來喝去，即使是幫助自己父親建立公司的元老，他也全然不放在眼裡。而當那幾個基層職員在對方公司裡獲得了重要的職位和更高的薪水以後，不少員工主動跳槽到那家公司。元老提醒 David 希望他能改變自己的工作習慣。David 認為幾位元老是在嘲笑他的管理，藉故將幾位元老解雇了。

接著，David 公司的重要角色陸續被挖走或者主動跳槽，不到兩年的時間，公司已經面臨了非常大的危機，到了破產的邊緣。其間，David 也採取了各種手段，可是都沒有什麼成效。老總裁只能再次上陣，很快地已被解雇的元老、被挖走和跳槽的職員陸續回歸，公司又逐漸恢復了以前的強盛。

David 非常納悶，因為他並沒有發現父親做了什麼，於是便向父親請教。父親將 David 帶回家，用繩子在房間中擺了一個迷宮，讓 David 走出去。David 走了幾遍都無法成功，總是從入口走出來。

David放棄了，便跟父親說迷宮實在是太難了，一定沒有人能走出去。父親聽了David的話後抱來了一隻小狗，接著將小狗放在迷宮的入口處，然後把入口封上了，與David一起在出口等著。小狗最初有些不知所措，很快，小狗就找到了一個方向，向著這個方向跑，很快就從出口跑了出來。David感到非常驚奇，父親告訴David想要從這個迷宮出來，最重要的一點就是相信眼前的門和路都是最好的，不懷疑也不停下。對管理公司來說，最簡單的方法就是相信員工的力量和智慧。我所做的就是去拜訪已經離職的員工，詢問他們我應該怎麼做。你要記住：員工才是你的主人。

David有些弄明白父親的話了，接著他又走了一遍迷宮，遇到門就走進去，有路就向前走，結果很快就走出來了。

David這時才終於明白，原來最高的智慧就是相信他人。

「社交的問題在阿仁身上表現地最明顯，」阿傑說，「他幾乎對除了妳以外的所有人——包括我——抱有不信任感甚至敵意，這讓他陷入難以擺脫的孤獨。」

「沒錯，我有幾次嘗試帶一個朋友一起去找阿仁出來玩，他一看到有旁人，就用各種理由拒絕了，甚至第二天還會不理我。」

「阿仁其實是一個非常聰明的人，我想說，他在某些想法上甚至比我想得更遠。」阿傑點頭道，「可是，他把這種智慧用在防範他人上，反而讓自己無法擺脫孤獨的包圍。」

每桶四元

「在工作上，阿仁說他雖然一直想努力做好自己的事，別人卻常常排擠他，把不屬於他的工作推給他做。這讓他非常憤怒。但他不懂得當面拒絕這些自己看來不合理的對待，只能透過在這些工作上隨便應付來發洩不滿。」阿傑繼續分析道。

「沒錯，有幾次，我本來和他約好了見面的時間，可是見面的前一小時，他卻常常打電話來說要加班。」我想起阿仁那幾次爽約。

「阿仁這種不負責任的應對方式，導致了在職場上總是處於不利的人際關係中。」阿傑說。

約翰・阿奇博多剛來到標準石油公司上班的時候，由於是新人，同時加上他比較老實，於是，一些公司的老員工就會把自己的工作讓他來做。最開始的時候，阿奇博多非常熱心地完成其他同事分配給自己的工作，可是時間愈長，他心裡愈感到很不樂意。不過，縱使如此，他依舊很少推掉別人給自己的工作。因為自己剛剛來到這個工作，也沒有什麼背景，只好忍耐，不要去得罪別人。讓阿奇博多沒有想到的事情是，自己的忍讓與善良，得到的卻只是其他同事的變本加厲而已。終於，阿奇博多覺得不能再這樣忍下去了，便與同事大吵了一架，之後便打算換一份工作，離開這個讓人不開心的地方。

晚上回到家的時候，自覺非常委屈的阿奇博多跟父親說了過去發生的事情。父親聽完故事以後，對他說：「如果你自己覺得這樣做是對的的話，或者這樣做可以讓你內心不再痛苦的話，那麼我並不反對你換工作。不過，你是否能夠保證在新的工作上，你就不會遇到這樣的事情呢？逃避並非一個好的選擇，也不是解決問題的方法。你要學會去直接面對問題，或許是你的同事做錯了。可是，如果你能從其他的角度想，就會明白自己剛進入社會，需要學習很多知識，累積自己的經驗。同事請求你幫忙，你也就有了機會去學習你並不熟悉的事務，對你以後的發展可能會有非常大的好處。吃虧並不總是壞事，你需要做的是端正自己的心態。如果你能夠真誠地對待別人，熱心地去替別人想的話，你的同事也會理解你的。任何人都是一樣的，你替他人付出了，他人也會回報你，可能不是以你想像的方式而已。而且，你要相信，你獲得的一定會比你失去的多很多。」

父親的話給了阿奇博多很大的啟迪。從此，他不再去抱怨，也並不被動地去應對生活中、工作中的事情，而是積極主動地為身邊的人提供幫助。沒過多久，阿奇博多就成為整個公司中最受他人歡迎的人，以前那些曾經分配給他額外工作的同事也都成了他的老師和朋友。

此後，阿奇博多將這種方法用在了自己的工作之中。無論上司是否分配，也無論是否有報酬，阿奇博多都會向他人介紹自己的公司，努力去推銷自己公司的石油。阿奇博多因此獲得了一個「每桶四元」的綽號（阿奇博多喜歡在自己的名字下面寫上「標準石油每桶四元」）。後來一次非常偶然的情況，標準石油公司的總裁洛克菲勒先生聽說了阿奇博多所做的事情，他非常驚訝，也非常感動。洛克菲勒從沒想到竟然有這樣的員工，會把公司的名聲和產品當作自己的名聲和產品去宣傳。不久之後，標準石油公司的人事部門通知阿奇博多，讓他承擔一個非常重要的職位。後來，當洛克菲勒離開標準石油公司時，指定阿奇博多做自己的接班人。

「很可惜，阿仁沒有像故事裡的阿奇博多一樣，有一位及時糾正他的父親。」阿傑嘆道，「而且，因為他並沒有真正努力去完成那些臨時的加班，只是把它們當成理由來拒絕妳的約會。」

「這又是為什麼？」

「他想以此來讓妳失落和焦急，從而引起妳的重視。」阿傑說道，「因為他在工作中受到不公正的待遇，要以這種方式從妳這裡獲得某種心理安慰。這也是他幼稚心態的一種表現。」

會走路的草

「父母離異之後，阿仁就一直和母親生活在一起，他與母親之間的溝通也很少。如果他的父親能陪伴在阿仁身邊，他或許不會變成今天這樣。」阿傑說。

聽了阿傑的話，我不得不承認，自己對阿仁瞭解太少。每次談話，都是阿仁選擇他想說的說，我只能被動地傾聽——我甚至不知道他對我說的哪些話是真話。

「阿仁太聰明了，」阿傑見我沒有開口，就繼續說下去，「每次他都會打斷我的話，說『你是想這麼說，沒錯吧』，然後說出對我的話的預測。就像下面這個故事中的主角一樣。」

Warren因為生意失敗抑鬱成疾。他的父親絞盡腦汁，總算想出了一個辦法來讓他恢復信心。他去商店買回一團紅絲線後，把Warren帶到沙漠附近的小旅館。

第二天，父親在旅館外隨手撿起一塊石頭放進口袋，父子二人騎著馬，向沙漠走去。兩個小時的跋涉後，父親停了下來，指著一株碗口大小的植物對兒子說：「Warren，看，那就是我們此行的目標——卷柏。」說完，父親拿出紅線，一頭繫在卷柏的根部，一頭拴在帶來的石頭上，以此做為標記。

父親問 Warren：「你知道為什麼我帶你走那麼遠去看一株野草嗎？」

Warren 嘲笑地說：「你大概想告訴我再艱難的地方也有生命吧！」

父親苦笑著說：「孩子，先別忙著得出結論。」

一個星期後，父親和 Warren 再次來到沙漠。Warren 吃驚的發現繫著紅線的卷柏竟然換地方了。他想，是不是有人動過手腳呢？是父親嗎？轉念一想又覺得不可能，一星期來父親沒有離開他半步，根本沒有機會。只見父親拿著那塊繫著紅線的石頭，把線繞在石頭上，直到線離卷柏只有一尺的距離時才停下來，然後把石頭又放在了卷柏旁邊。父親告訴 Warren：「卷柏隨風移動，遇水而榮。水分不足的時候，它會把根拔出來，蜷縮成拳狀，隨風滾到水分充足的地方去紮根。」

Warren 認真聽完後說：「您是想說人生該如它一樣隨遇而安嗎？」

父親搖搖頭說：「孩子，先別忙著得出結論。」

接下來的一個星期變得非常炎熱，天地像個大蒸籠，讓人喘不上氣來。Warren 想：天氣這麼熱，雞蛋都能煎熟了，更何況一株柔弱的小草呢？也許父親想用卷柏的死告訴我一個發人深省的道理吧！

一個星期後，父親和 Warren 再次走進沙漠，隔得很遠，他們就看到了那條紅線、石頭和卷柏。Warren 仔細觀察了卷柏之後，驚訝地叫起來：「天哪，它還活著！」卷柏沒有死去，它蜷曲著向上堅強地生長。Warren 還發現，這株卷柏的位置又一次出現了改變。

父親說：「一週來，它無數次地嘗試拔出根，去找水源，最終它發現自己被拴住根本走不了時，就深深地紮根來保命。這就是為什麼它不在上次我們見到地方的原因。」

Warren 恍然大悟，激動地說：「深深紮根……」

「先別忙——」父親打斷 Warren，剛要張嘴，這次，卻又被兒子打斷，Warren 替父親說出了那句話：「先別忙著得出結論！」

「卷柏這種生命力極強的植物又被稱為九死還魂草，」阿傑解釋道，「如果阿仁的父親也能像故事中 Warren 的父親一樣，在他陷入低谷時給予引導，或許阿仁也就會像 Warren 一樣不再像個刺蝟，面對任何人時都用尖刺去刺痛對方。」

這是一項溝通的事業

「阿仁是一個非常聰明的人，」阿傑第三次提起這一點，「他不僅比妳我更聰明，而且也比他的許多同事更優秀。這麼優秀的人，為什麼在之前的所有工作中，都做不出像樣的業績來？人際關係是一個方面的問題，另一方面則與阿仁的完美主義有關。」

對於這一點，我也有所察覺。在向我訴苦的時候，阿仁也常常指出他的同事甚至主管在工作上、性格上的種種缺陷。他的思路非常清晰，邏輯也很嚴密，說的每一個觀點都能舉出具有說服力的事實加以佐證。看起來，阿仁似乎是一個不允許他人犯錯的人。當然，他對自己的要求似乎也非常嚴苛。

「阿仁雖然很有能力，但他從不遷就他人，也不考慮與同事之間的合作，所以他的工作到最後總是會出現一些問題，沒辦法達到完美。」

拉里．金是美國有線電視新聞網的著名脫口秀主持人，他出生在紐約市的布魯克林。十歲的時候，他的父親因為心臟病去世了，之後依靠社會的救濟，逐漸長大成人。

拉里．金從小就希望從事廣播生涯。在學校畢業以後，拉里．金來到位於邁阿密的一家電臺去做管理員，之後費了很大的力氣才成為了主播。拉里．金寫過一本叫做《如何隨時與任何人聊天》的關於溝通的書，在書裡面他提到自己第一次擔任主播的經歷。他在書裡寫道，如果有人剛好聽到他主持的那期節目，恐怕會認為這個節目已經完了。

那一天是週一，拉里．金在早上八點半走進電臺，心裡非常緊張，因此他不停地喝咖啡滋潤嗓子，並希望自己的心情能夠平靜下來。

節目開始之前，電臺的老闆專門過來為他加油，還為他取了一個名字：拉里．金。老闆覺得這個名字既非常好讀而且非常好記。自那一天起，他有了一個新的名字、新的節目和新的工作。

可是等到節目剛開始的時候，他放完一段音樂準備說話時，卻發現自己的喉嚨就像被人掐住了一樣，完全無法發出聲音。於是，他只能繼續播放音樂。不過，連續播放三段音樂以後，他依然說不出話來。這時，他發現自己還不具有做職業主播的能力和水準，而自己可能根本就沒有勇氣去主持一個電臺節目。就在這時，老闆走了進去，告訴沮喪的拉里．金說，你要知道，這是一個溝通的事業啊！

聽到老闆的提醒，拉里．金又一次努力開始自己的首次廣播，他靠近麥克風，說：「大家早安，今天是我第一次主持節目。我也一直希望能夠主持節目……並且，並且我已經為此準備了一週……而且，而且一刻鐘以前，他們送給了我一個全新的名字。剛才我播放了幾遍主題音樂，不過，我依舊感到有些口乾舌燥，而且還很緊張。」

當拉里・金結結巴巴地將這些話說完之後，發現老闆不斷地告訴他這是一項溝通的事業。

這時，拉里・金的信心似乎又重新回來了。他這時才明白自己已經實現了自己的夢想，而且完成了自己的夢想。而這也就是他從事廣播事業的開始，在這之後，他再也不緊張了。因為這一次廣播的經驗讓他明白，只要真心說出心裡的話來，聽眾就會感受到他的真誠。

「任何一個最後取得巨大成就的人，最初的時候都不是完美無缺的，」阿傑說，「工作出現了瑕疵之後，同伴的鼓勵、自己的積極心態，對於克服這些最初的困難，都有很大的作用。」

「只可惜，對阿仁來說，這兩個要素都是欠缺的，」我接過阿傑的話，繼續分析道，「工作出現失誤後，同事和主管意識到阿仁的態度有問題，不免會責備他，而阿仁並不接受這些責備，那種強迫性的完美主義使他出現了嚴重的認知失調，他無視自己的過失，反而認為是別人有意排擠他。」

「正是如此。」阿傑嘆道。

咖啡館裡的單身媽媽

「那麼，你是如何說服了阿仁，讓他願意去接受治療的呢？」我問。

「我只是做為一個曾經的精神障礙患者，與他進行了幾個鐘頭的病友間的交流而已。」阿傑輕描淡寫地說出了這句令我吃驚的話，「我曾經因為某個原因把自己關在一間屋子裡長達九個月，九個月裡，我沒有和任何人說話。我甚至想到自殺。後來，我和一位心理醫生在一間咖啡館裡進行了一次談話，之後，我接受了行為認知方面的心理治療。後來，我知道有一位著名的作家，也是在一間咖啡館裡重獲新生，所以，從那時起，我也愛上了咖啡。」

蘇格蘭有一個叫做愛丁堡的小鎮，鎮上有一家名叫尼克爾森的咖啡館。雖然歐洲人非常喜歡喝咖啡，可是這家咖啡館一直都沒有什麼名氣，很多時候，都沒有多少人關注。

不過，那時倒是經常有一位很年輕的母親推著嬰兒車來咖啡館。她經常在咖啡館臨街的角落裡坐下，不時會專心看著街道上的景象，不知道在想些什麼。時而會被嬰兒的哭聲拉回到現實世界中，她只好輕輕搖動嬰兒車，希望車中的嬰兒能夠不再哭泣。不過，大多數時間，她會在紙上快速地寫些什麼，似乎如果不趕緊寫下的話，那些字就會消失一樣。

咖啡館的服務生有時會來到她附近，問她需要些什麼。這位年輕的母親總是會有些緊張地抬起頭，有時她會點上咖啡館裡最便宜的咖啡，有時候則會什麼也不點，只是搖搖頭。這時她會緊張地看著服務生的表情，不過，服務生從未將母親趕出咖啡館，反而是微笑一下，然後優雅地離開。這位母親會暗自鬆一口氣，對這家咖啡館也就更有好感了。因為這家咖啡館有著不以衣著取人的寬容。

這位年輕的母親對自己的衣著的確沒有什麼信心，因為她是一個靠著領取政府發放的救濟金生活的單親母親，除了養活自己和嬰兒以外，她沒有多餘的錢去購買衣服，讓自己穿得更加體面一些。來咖啡館本就是一件情非得已的事情，因為這裡的冬天非常冷，而她住的公寓取暖設備也非常差。到咖啡館裡不僅能夠取暖，同時也能夠用筆一點一點寫出自己的夢想。

她的夢想開始於她二十四歲那年，那時她正坐在曼徹斯特開往倫敦的火車上，火車因為意外在鐵道上停了四個小時。在無聊的等待中，她望向車窗外，看著晴空、森林和草地，忽然一個戴著眼鏡的黑色頭髮的小男孩的形象闖進了她的腦海中。可是那個時候她的手邊並沒有紙筆，無法將腦海裡的印象寫出來，只能繼續在腦海裡不斷幻想，初步的構思就這樣完成了，她想要把這些都寫出來。可是之後的生活卻沒有給她機會。她先是到葡萄牙當教師，之後與一位記者結婚，生下了一個女兒，不久她與丈夫離婚了，一隻手抱著年幼的孩子，一隻手拎著斷斷續續寫下的文字的皮箱，回到了自己的故鄉。她想要逃離如此陰暗寒冷的塵世生活，於是便在筆下的世界傾注了自己的全部心血。在這個幻想的空間裡，她隨心所欲地透過筆下的人物講述自己的遭遇與希望。

多虧了這家寬容的咖啡館，雖然她經常會佔據一個座位並且待上好幾個小時，而且嬰兒的哭聲會不時打破這裡的寧靜，而且她每次消費都很少。可是在這家咖啡館裡，她並沒有遭受到白眼、冷遇和驅逐。這家咖啡館並不嫌貧愛富，如同陽光一般毫不吝惜地對待每一位顧客，無論這位顧客消費多少。

這部小說花費了年輕母親五年的時間，終於在這家不起眼的咖啡館中完成。深處貧困中的母親在這裡實現了自己的夢想，而之後的事情更是她本來沒辦法預料到的。這本書經過幾番波折才能夠出版，之後迅速獲得全世界讀者的歡迎。在短短的幾年之間，這部作品被譯成六十多種語言和文字，總共銷售了接近兩億多冊。書的熱銷為這位年輕的母親帶來了鉅額的財富，她甚至比英國女王還要有錢。而她就是《哈利．波特》的作者——J．K．羅琳。

「我也是從那時起成為了J．K．羅琳的粉絲，開始幻想自己也能有一天寫出一部《哈利．波特》般的作品。」阿傑笑著說，「結果，作家沒當成，只好退而求其次，當了編輯。」

奧運冠軍的不幸連鎖

「阿仁一開始並不相信我說的話，」阿傑繼續說道，「我便與他互相回憶小時候的事情。透過他的講述，我瞭解到阿仁自從失去父親的關懷之後，就一直活在一種『不幸』的想像中。他覺得生活中的每件事都在針對自己，遇到的每個人心裡都在嘲笑自己。這彷彿一條不幸的連鎖，隨著他年齡的增長，愈來愈長。」

法國著名長跑運動員阿蘭．米穆出生在一個非常貧困的家庭。從很小的時候，他就非常喜歡運動。不過，家裡實在是太窮了，他甚至買不起球鞋，踢球的時候都是光腳踢的。因為母親好不容易為他買的帆布鞋是讓他讀書時穿的，如果穿這雙鞋去踢足球，父親就會狠狠地揍米穆一頓。

米穆小學畢業後，成績也非常不錯。母親想要為他申請獎學金繼續讀書。可是學校不僅不給米穆獎學金，反而將獎學金給了一些比他的家庭富有得多的孩子。

由於沒有錢繼續讀書，米穆只好到咖啡館裡當服務員。米穆每天都要工作到很晚，不過，他還是堅持練習長跑。為了能夠進行練習，他每天不到五點就起來了，辛苦的練習和工作讓他的腳發炎膿腫了。

可是即使他非常努力，米穆依舊沒有足夠的時間用於練習。不過，他還是報名參加了法國田徑冠軍賽。他選擇參加了一萬公尺冠軍賽，由於他練習了一個半月的時間，所以只得了第三名。比賽結果出來以後，米穆又決定參加五千公尺的比賽。非常幸運的是，這次米穆取得了第二名的成績。因此，他也獲得了參加在倫敦舉行的奧林匹克運動會的名額。

能夠參加奧林匹克運動會讓米穆感到非常不可思議。他之前甚至不知道奧林匹克運動會是什麼。他發現奧林匹克運動會簡直就像是世界濃縮在一起一樣。更重要的是，米穆深感肩上的重任，他是代表法國參加奧林匹克運動會的。

可是，還是有一些不愉快的事情發生。那就是沒有人將米穆當作有望獲得冠軍的法國選手。在正式參加比賽之前，米穆想請法國隊按摩醫生幫助自己按摩一下，在獲得醫生允許進入醫生的房間之後，米穆說明了自己的想法，按摩醫生拒絕了米穆的請求。並對米穆說，很抱歉，我們是為冠軍服務的。

不過，米穆並沒有將醫生的話太放在心上，因為他明白對方只是將自己當作咖啡館的工讀生而已。

下午，米穆參加了一萬公尺決賽。最開始他還是希望能夠取得名次就可以。可是由於那天倫敦比較炎熱，很多長跑運動員落在了米穆的後面，最後只有捷克的著名長跑運動員跑在他的前面。米穆獲得了第二名。然而當時法國的體育和新聞記者竟把他當作北非人，到處打聽跑第二名的究竟是誰。

成功之後還要遭受打擊讓很多人都無法忍受，可是米穆並沒有因此選擇放棄，而是選擇繼續努力，證明自己的力量和自信，證明自己可以戰勝不幸的連鎖效應。米穆明白自己要奮戰到底，這樣才能戰勝不幸的命運。

四年之後，米穆又獲得了代表法國參加赫爾辛基奧林匹克運動會的機會。在這一屆奧運會上，米穆打破了一萬公尺法國紀錄，又獲得了一枚銀牌。在隨後的墨爾本運動會，米穆參加了馬拉松比賽，並最終獲得了冠軍。

「如果阿仁也有寫一本小說或成為長跑冠軍的夢想，他大概也會成為一個Ｊ．Ｋ．羅琳或阿蘭．米穆，可惜的是，他沒有對什麼事情有這樣強烈的憧憬，只是希望自己的運氣能好起來，遇到一個能好好對他的人。」阿傑說完，注視著我。

心中無路

「可是，我勸他放棄這種幻想，」阿傑握著咖啡杯，繼續說道，「我對他說，生活對我們這樣的人來說，似乎總有些不公平，這是因為，我們註定要背負一些別人不用背負的東西，註定要走別人不需要走的路。我們也許就是那最倒楣的一類人。」

有一個小和尚，從很小的時候就出家。每天早晨，他都要去挑水、掃地，早課之後還要到寺廟後的城鎮上去購買寺裡需要的日常用品。回來以後，小和尚還要幹很多雜活，之後要讀經到深夜。晨鐘暮鼓，就這樣在寺裡待了十年。

忽然有一天，小和尚有了一些空閒時間，就和其他的小和尚聊天。聊天中，小和尚才發現原來其他的小和尚過得都比較清閒，只有他一個每天都很忙碌。其他的小和尚雖然也會被分派到山下的城鎮去買東西，可是他們去的是山前的城鎮。從寺廟到山前，路比較平坦，距離也比較近，而且買的東西也很輕。可是，這十年，寺裡的方丈一直都叫他去寺廟後的城鎮買東西。從寺廟到城鎮，不僅需要翻過兩座山，而且道路還很難走。回來的時候由於買了不少東西，也就更辛苦了。聽完其他小和尚的敘述，小和尚帶著很多的疑問去找住持，問：「住持，為什麼只有我這麼辛苦呢？其他人都比我要輕鬆很多。他們都不需要幹那麼多的活，只有我要一直不停地幹下去。」住持看著小和尚，說了一聲佛號，笑了笑，沒有再說什麼。

次日中午，小和尚正拿著一袋米從寺廟後的城鎮往回走時，他發現住持在寺廟的後門等他。住持並沒有說什麼，將他帶到寺廟的前門，之後坐在那裡。小和尚愣在那裡，不知道究竟是怎麼回事。於是就站在一旁。傍晚的時候，山路上才出現幾個小和尚的身影。小和尚們看到住持時，也愣在了那裡。這時，住持睜開眼睛，問：「早上的時候，我叫你們去買鹽，路很近而且很平坦，為什麼這麼晚才回來呢？」

小和尚們想了半天，才說：「住持，我們邊往回走邊聊天，而且還會停下來看看路邊的風景，回來的時候就這麼晚了。過去的十年裡每天都是這樣的。」

住持轉身問身旁站著的小和尚，說：「寺廟後面的城鎮離寺廟很遠，而且山路還不好走，你又背著很重的東西，為什麼會回來得這麼早呢？」小和尚回答說：「每天我都想盡早回來。背的東西重，我就只能更小心地走了。因此，走得就更穩而且更快。經過十年，現在我已經養成了心裡只有目標沒有道路的習慣了。」

住持笑著說：「道路好走了，內心反而很容易失去目標。只有在艱難的路上前行，才能真正磨練一個人的意志啊！」

不久之後，寺廟裡突然對和尚進行考核，考核不僅包括和尚的體力、毅力還包括和尚對經書的理解和悟性，各方面都包含其中。小和尚經歷了十年的艱苦磨練，在眾多和尚中脫穎而出，最終被選拔出來接受一項非常特殊的使命——西行取經。這位小和尚就是著名的玄奘大師。

「《西遊記》讓許多人記住了被孫悟空一路保護著的唐三藏，很少有人會注意到，真正走完了西天之路的玄奘大師，是沒有人保護，沒有人陪伴，獨自一人面對孤獨而漫長的旅途——而且幾乎是一次死亡之旅。我們的幻想總是美好的，希望有強力的人來拯救我們，可是最後還是要靠自己的腳走出泥淖。」阿傑回憶著與阿仁的對話，說道，「我們其實和那位玄奘大師一樣，是平凡無力的人，唯一支撐我們走下去的，也許不是勇敢面對一切，而是把凡事都看得輕一些，只留下心裡那唯一的一個目標。」

「然後，我和阿仁談到了妳，」阿傑看著我，繼續說下去，「我對他說，我們痛苦的原因是不一樣的，可是讓痛苦維持下去的原因卻很相似——我們總是想找到解救自己的辦法，找到內心疑問的答案。可是，那些愛我們的人呢？他們就沒有痛苦了嗎？我們既然找不到解救自己的辦法，既然已經無法讓自己好一些，至少可以試圖讓他們過得好一些。」

一個乞丐的西天取經路

曾經有個乞丐，想過常人的生活，於是每天便將自己乞討到的糧食存起來。可是幾年後，他儲藏的糧食還是非常少。乞丐很奇怪，便打算弄個清楚。夜裡乞丐就悄悄地躲在角落看著自己的糧食，發現一隻老鼠在偷他的糧食吃。乞丐非常氣憤，向老鼠喊：你為什麼不去吃富人家的糧食，卻來吃我的糧食。這時，老鼠突然說話了，老鼠對乞丐說：你命中註定只有八分米，即使走遍天下也不會滿升。乞丐問老鼠是什麼意思，老鼠說自己也不知道，只有佛祖才知道。

因此，乞丐便決定到西天問問佛祖為何自己的命運是這樣的。乞丐第二天天一亮便出發了，他一邊走一邊乞討。一天，他走了很久直到天黑才遇到一戶人家，便敲門討飯吃。這家的主人便問乞丐為什麼這麼晚還要趕路。乞丐便對主人說了自己的命運和自己決定去西天的事情。主人聽了立即請乞丐到屋裡，拿了一些錢和糧食給乞丐，希望乞丐到西天的時候能夠問問為何自己的女兒到了十六歲還不會說話。並告訴乞丐自己許願說誰能讓自己的女兒說話，就將女兒嫁給誰。乞丐答應了主人。

乞丐又走了很遠，途經一座山的時候到一所寺廟討水喝，寺廟中有一個拄著禪杖非常有精神的老和尚。老和尚給乞丐水喝並讓他在寺裡休息一下。於是，便和乞丐閒聊，得知乞丐的去向之後，老和尚便請乞丐幫自己問一問佛祖，自己已經修行了五百年，可是為什麼還沒有升天。乞丐又答應了。

又走了很遠，乞丐來到江邊，江裡沒有船，乞丐不知道怎麼才能過去，便哭了起來，覺得自己的命運實在是太苦了。這時，江水中浮出一隻很老的烏龜，烏龜問乞丐哭什麼，乞丐便將緣由講了一遍。老龜跟他說如果他願意幫自己問問為何自己還沒有變成龍的話，他願意載乞丐過江，乞丐答應了，老龜就載他過江了。

乞丐又走了很久，終於到了西天，見到了佛祖。乞丐向佛祖說了自己來的目的，佛祖說，他可以幫助乞丐解開他的疑問，不過只能回答三個問題。乞丐想了想，與另外三個問題相比，自己的問題太無足輕重了，便幫主人、老和尚和老龜問了問題。佛祖回答說，老龜不能變成龍，是因為牠捨不得龜殼裡的二十四顆夜明珠，只要脫下龜殼就能化成龍了；老和尚不能升天是因為他捨不得他的寶貝禪杖，只要放下禪杖，老和尚就能升天了；女孩說不出話是因為還沒見到自己的心上人，遇到心上人就會說話了。

乞丐聽完佛祖的話便往回走，將佛祖的話告訴了老龜，老龜將自己的龜殼給了乞丐，便化成了龍了。乞丐繼續往回走，遇到老和尚，老和尚也將禪杖給了乞丐，便升天了。乞丐拿著龜殼和禪杖繼續往回走，當他走到女孩家的時候，女孩的父親發現女孩會說話了，聽了乞丐的解釋，便將女兒嫁給了乞丐。

「我問阿仁，他對妳到底怎樣看？是當成朋友？戀人？還是一個依賴的對象？甚至是母親的替代？」阿傑握著那杯咖啡——也是他坐下之後倒的第一杯咖啡——繼續說道，「阿仁沒有回答我。我對他說，當初我想要自殺的時候，我的母親變得那樣憔悴不堪，似乎會在我之前死去。從那之後，我發誓不會再動這個念頭——如果到了萬不得已的時候，我會永遠消失，讓大家都以為我還活著，這樣，至少不用背負著失去至親至愛的痛苦，心中還留有一線希望。」

喜劇之王的人生喜劇

「最後，我送給阿仁的是我最喜歡的演員、喜劇大師卓別林的一句名言：『用特寫鏡頭看生活，生活是一個悲劇；但用長鏡頭看生活，生活則是個喜劇。』」阿仁終於端起咖啡，啜飲了一口，「每個人的一生到底是悲劇還是喜劇，不到生命的最後一刻，是無法知道的。」

在卓別林很小的時候，他的父母就離異了，他跟隨母親一起生活。他的母親是一位好母親，她不僅為了養育卓別林而辛勤奔波，還不忘時常教育他做人的道理，用自己的實際行動為卓別林做出表率，使他從小就懂得一個道理：成功必須要靠自己的努力去爭取。

和後來的卓別林一樣，他母親也是一位喜劇演員。在卓別林五歲的時候，母親因病影響了嗓子，在舞臺上，卓別林目睹了母親的不幸遭遇。

當時卓別林站在布幕後面，母親的嗓子啞了，雖然努力張嘴發聲，聲音卻低得像是在說悄悄話。舞臺下有聽眾開始嘲笑她，最後母親無可奈何，只能離開了舞臺。劇場負責人見她無法演出，此刻又找不到頂替的演員，非常著急，他忽然看到布幕旁站著的小卓別林，想起以前曾看到卓別林當著他母親和其他演員的面表演過，似乎有一些表演天賦，於是建議卓別林代替母親演下去。母親想了想，只能勉強答應。

就在臺下觀眾的一片混亂喧鬧聲中，五歲的卓別林在母親的攙扶下走上舞臺。母親向臺下觀眾稍作解釋，就走了下去，把卓別林一個人留在舞臺上了。面對著炫目的燈光和臺下的眾多人臉，小卓別林唱起歌來，臺下的樂隊立即和著他的調開始伴奏。

卓別林演唱的是一首在當時家喻戶曉的歌。他唱到一半時，臺下觀眾就開始向舞臺上扔錢，錢幣就像雨點一樣落到臺上。見到有人扔錢，卓別林突然停下不唱了，他說必須先拾起了錢才能接著唱。小卓別林的這幾句話引起了臺下觀眾的哄堂大笑。舞臺負責人聽到卓別林這樣一說，連忙拿著一條手帕走上台幫他撿錢。卓別林看到他在撿錢，以為這是要把自己好不容易賺到的錢收走，心裡很著急。負責人拿著錢向臺下走，他也步步緊跟在後面，直到看見他把那些錢都交給了母親，卓別林才放了心，重新回到臺上唱歌。演唱過程中，卓別林似乎完全沒有怯場的感覺，他一會兒和臺下觀眾對話、一會兒跳舞，一會兒模仿母親曾經表演過的節目。

這次演出，讓母親充分瞭解到卓別林的天賦，從此一直鼓勵他找尋各種機會走上舞臺。可是，除了五歲時的那次表演，命運似乎一直沒有對卓別林表現出青睞。

念書的時候，有一次，卓別林想參加學校舉辦的合唱團，卻沒有通過選拔，最終落選。評審的老師對他說：「雖然你在唱歌方面算不上優秀，但很有表演的天分。」

後來，十幾歲的卓別林為了謀生而四處尋找工作，終於在某劇團的一齣戲中獲得了一個報童的角色。但是，演出並不成功，當時倫敦的一家報紙這樣評論該劇：「幸而有一個角色彌補了該劇的缺點，那就是那個報童。雖然我們從來沒聽說過這個孩子，但在將來一定會看到他的成就。」

又過了幾年，年輕的卓別林獲得了一個去美國演出的機會。可是不幸的是，這次演出也沒有引起任何轟動，美國的一家報紙評論道：「那個劇團裡至少有一個很會逗笑的英國人，他總有一天會讓美國人傾倒的。」

當然，我們知道，多年後，卓別林終於成為享譽世界的藝術家。

「阿仁的事，我能幫到的大概就這麼多，以後就要多靠妳去支持他了。」阿傑一口氣喝乾了今夜的第一杯，也是最後一杯咖啡，說，「有意思的故事還有很多，不過，妳應該已經完全學會了我的方式，可以自己去發現、解讀了。」

「阿傑，這段時間，真是多謝你了。」我真心地對這個酷愛咖啡的「故事大王」說出了心底的感激，「不過，我在心理學上的知識雖然多，實際生活中還是你的『理心』更有用，以後，還是要請你多多教我呀！」

國家圖書館出版品預行編目資料

六個星期六：和壞的人生說再見 / Vera、Jay著.
－－第一版－－臺北市：宇河文化出版；
紅螞蟻圖書發行，2014.7
面　公分－－(Wisdom Books；14)
ISBN 978-957-659-968-2（平裝）

1.自我實現 2.通俗作品

177.2　　103010442

Wisdom Books 14
六個星期六：和壞的人生說再見
作　　者／Vera & Jay
發 行 人／賴秀珍
總 編 輯／何南輝
責任編輯／陳賡拓
校　　對／賴依蓮、吳育禎、周英嬌
美術構成／Chris' office
出　　版／宇河文化出版有限公司
發　　行／紅螞蟻圖書有限公司
地　　址／台北市內湖區舊宗路二段121巷19號（紅螞蟻資訊大樓）
網　　站／www.e-redant.com
郵撥帳號／1604621-1　紅螞蟻圖書有限公司
電　　話／(02)2795-3656（代表號）
傳　　真／(02)2795-4100
登 記 證／局版北市業字第1446號
法律顧問／許晏賓律師
印 刷 廠／卡樂彩色製版印刷有限公司
出版日期／2014年7月　第一版第一刷

定價 260 元　港幣 87 元

ISBN 978-957-659-968-2　　Printed in Taiwan